경성에서, 정월.

● 경성에서, 정월.

여성, 화가, 지식인
나혜석이 그린
여러 정체성의 나날

나혜석 지음

이일상

프롤로그

화가로 어머니로
―나의 10년간 생활

어머니로서

큰 딸 "어머니 머리 빗겨 주세요. 학교 늦겠어요." 온순히 말한다.

큰 놈 "어머니 이것 봐. 발가락이 나왔어. 어서 다른 것 줘."

어머니 허둥지둥 머리를 빗기고 양말을 갈아 준다. "책 다 넣고 숙제 다 했지."

큰 놈 "네, 갔다 오겠습니다." 상큼 우쭐 나간다.

둘째 놈 "어머니, 나는 혼자 유치원에 가기 싫어."

어머니 "오냐, 금례하고 같이 가거라. 금례야 애기 데리고 유치원에 갔다 오너라."

아장 걸어 나가며 "이따가 능금 사 주어 엄마" 한다.

셋째 놈 "엄마 꼬기 주어."

어머니 "오냐, 주지. 이것도 좀 먹어라, 시금치나물."

셋째 놈 "나는 싫어." 킹 운다.

저녁때가 돌아왔다. 학교에서 세 아이가 돌아왔다. 뒤뚱뒤뚱 소리가 나온다.

하도 뽀 하도 뽀(비둘기 비둘기)

뽀 나이데아소부(구구하며 울면서 놀거라)

춤을 추고 겅둥겅둥 뛰고 짝 손을 치고 야단이다.

외교관 부인으로서

하인 "아씨 편지 왔습니다."

아씨 "오냐, 이리 다오."

흰 서양 봉투를 찢고 본다. ○○전하가 내림하셔서 영사 본관에서 연회가 있다고.

연회 날 저녁이 되었다. 목욕을 하고 면도를 하고 머리를 지지고 비단 치마에 비단 저고리를 입는다. 텁텁하던 꼴이 말쑥하게 되었다.

　연회 석상이다. 전하께 절을 하고 식탁에 앉아 잡담을 하며 원만히 끌어갔다.

　하인 "아씨, 어느 분이 오셨습니다." 명함을 가지고 들어온다.

　아씨 "응접실로 모셔라."

　잠깐 체경(전신 거울)을 보고 몸맵시를 정리하고 나간다.

　객 "이거 오래간만입니다."

　부인 "참 오래간만입니다. 어떻게 이렇게 저까지 찾아 주실 틈이 계셨어요. 이렇게 외지 생활을 하니 찾아 주시는 분이 더욱이 정다워요."

　객 "천만에 말씀입니다. 그런데요, 제가 이번에 상해에 가는 길인데 중도까지 동행 못 해 주시겠습니까."

　부인 "글쎄요." 잠깐 생각하면서 그의 눈치를 본다. "가 드리지요."

　객 "감사합니다. 그러면 곧 차려 주십쇼."

　부인은 그를 무사히 보내고 유쾌히 돌아왔다.

　별안간 문이 펄쩍 열리더니

　객 "여보, R 부인 계시오."

R "네, 누구십니까." 어린애 젖 먹이던 채로 안고 나간다.

R "이게 웬일이오. 전화도 없이."

객 "그런데 큰일 났소."

R "무엇이."

객 "삼동주(비단의 한 종류) 세 필을 사 가지고 가다가 세를 내라는데 엄청나니. 자, 어디 봅시다. 영사 부인의 권한이 얼마나 있는가. 좀 모면하도록 못 해 주시겠소."

R "나는 무슨 재주가 있나." 태연히 서서 말하며 싱긋 웃는다. 옷을 주섬주섬 갈아입고 그의 앞을 서 인력거로 정거장을 향하였다. 마침 아는 세관 관리가 있어 꾹꾹 찍어 준다. 그 후 그에게서는 반 놀림의 치하 편지가 왔다.

이러한 가지각색 사건이 되풀이하기를 6년 동안을 두고 하였다.

여자 화가로서

밤새로 2시다. 남편은 연회에서 돌아온다.

남편 "그저 안 자고 있소?"

아내 "기뻐서 잠이 와야지 그래. 신문을 이렇게 또 보고 또 보고 하지."

남편 "나도 어찌 기쁜지. 오늘 연회 석상에서도 이번에 당신이 선전鮮展에 특선한 이야기로 한판이 벌어졌지. 공사는 나더러 한턱하라고 하며 우스운 말을 자꾸 하지."

아내 "그래 당신 무엇이라고 대답했소."

남편 "그냥 웃었지. 그러고 남에게 존경받는 아내를 가진 자는 행복스럽다 했지."

아내 "여보 한턱하오. 애는 내가 쓰고 좋기는 당신만 좋지."

남편 "왜?"

아내 "내가 그림을 잘 그리든지 사생 여행을 하든지 하면, 다 나를 칭찬해 주지 않고 남편이 얼마나 관대해서 그러냐고 하니 안 그렇소."

남편 "그러게 여자는 남자의 부속물이지."

아내 "또 저런 아니꼬운 소리를 한다."

R의 화도畫道는 전문이란 것보다 이런저런 일한 여가의 부업이다. 걱정 없는 생활에 사이좋은 부부에 재미있는 자식들에 무엇이 그리우랴마는 그림을 그린 후의 쾌감이란 말할 수 없다. 그리하여 비단옷을 무명으로 입으며 화구를 사고 틈을 타서 그림을 그린 것이다. 이것이 자기 기분도 새롭게 할 뿐 아니라 때로는 가정 기분이 쾌활해진다.

구미 만유 생활

나의 생활은 그림을 그릴 때 외에는 전부 남을 위한 생활이었다. 속에서 부글 끓는 마음을 꾹꾹 참으며 형식에 얽매여 산 것이다. 그러므로 구미 만유의 기회로 내게 씌운 모든 탈을 벗고 펄펄 놀고 싶었다. 나는 어린애가 되고 처녀가 되고 사람이 되고 예술가가 되고자 한 것이다. 마음뿐이 아니라 환경이 그리 만들고 사실이 그리 만들었다.

파리 뤽상부르공원에서 오후 4시경이었다. 사람들이 운집하여 든다. 나는 Y군과 동행하여 공원 벤치 위에 앉았다. Y군은 옆에 있는 나를 꾹 찌르며

Y "여보, 저기 저 불란서 사람이 R씨를 보고 눈으로 윙크를 하오."

R "그럴 때는 어떻게 하오."

Y "역시 눈을 끔뻑하여 대답하면 고만이지."

R "그러고는?"

Y "그러면 만일 마음에 들든지, 또 장난으로든지 인사를 하지."

R "아이고 망측해라."

Y "처음은 망측하지만 뭐."

R "조선도 그렇게 될까."

경성에서, 정월

Y "조선은 구라파에 비하여 3세기가량 뒤졌으니까 3세기 후면 그렇게 되겠지요. 출입이 잦은 이 세상에 제가 무슨 수로 가만히 있을 수 있나."

  R "저것 보오. 여자가 그대를 보고 눈짓을 하오."

  Y "대답 한번 해 줄까. 눈짓이나 한번 해 주면 계집애들은 좋아라고 하지."

  한편에서 음악 소리가 들린다. 어린아이들이 조그마한 배를 못에 띄우고 좋아하며 논다. 아이 어머니들은 레이스를 짜고 앉았다. 평화를 품고 있는 여신상은 오고 가는 사람을 반긴다.

독신 생활의 오늘

  Y "여보, 있소." 겅중 뛰어 들어오며

  R "네, 누구요. 들어오시오."

  Y "이건 컴컴한 방 속에서 무슨 궁상을 띠고 있어."

  R "그러면 어떻게 하오. 그것이 본직이니."

  Y "그런데 잘되었는데. 역시 솜씨는 있어. 그래, 이대로 살아갈 작정이오."

  R "글쎄. 이것저것 생각하는 것이 많아서 어떻게 되겠지."

  Y "그래, 애인이 생겼소."

R "다 귀찮아 집어치웠소."

Y "왜?"

R "시간 없고 돈 없는데 연애가 무엇이오."

Y "인제 다 늙었군."

R "몸도 늙고, 마음도 늙고."

Y "몸은 늙지만 마음이야 늙는 법 어디 있나. 점점 더 젊어 가지."

R "그건 그래. 오스카 와일드의 시에도 '몸이 늙는 것이 슬픈 것이 아니라 마음이 젊어 가난한 것이 슬프다' 하였지."

Y "그런데 성性 문제는 어떻게 하오."

R "쉬, 풍속 문란이오."

Y "왜?"

R "그만둡시다. 환경의 지배를 받기 싫은 것이 내 고집이라는 것만 말해 두지. 그럴 때마다 인생의 진면을 보는 것 같아."

나의 10년 생활 중에는 계급과 빈부와 귀천의 굴곡이 가로내리지르고 세로 흘러 나를 웃기고 혹 울리고, 즐겁게 또는 괴롭게 만들었다. 그러나 이 모든 것을 억제케 하는 것은 오직 내게 깊이 뿌리박혀진 예술심과 보리심(불도의 깨달음을 얻고 그 깨달음으로써 널리 중생을 교화하려는 마음)이다.

중생무변서원도衆生無邊誓願度(가없는 중생을 건지기를 원합니다)

번뇌무진서원단煩惱無盡誓願斷(끊임없는 번뇌를 끊을 수 있기를 원합니다)

법문무량서원학法門無量誓願學(한없는 법문을 배우기를 원합니다)

불도무상서원성佛道無上誓願成(위없는 불도를 이루기를 원합니다)

『신동아』, 1933. 1

차례

프롤로그 화가로 어머니로 • 005

어머니로서
모(母) 된 감상기 • 019

부인으로서
이혼 고백장 • 055
이혼 고백서(속) • 084

화가로서
미전 출품 제작 중에 • 113
나를 잊지 않는 행복 • 123
모델 • 128

독신자로서
신생활에 들면서 • 137

에필로그 잡감 • 158

어머니로서

모(母) 된 감상기

1

이러한 심야 아까처럼 만사를 잊고 곤한 춘몽에 잠겼을 때 돌연히 옆으로 잠잠한 밤을 깨트리는 어린아이의 울음소리가 벼락같이 난다. 이때에 나의 영혼은 꽃밭에서 동무들과 끊임없이 웃어 가며 평화의 노래를 부르다가 참혹히 쫓겨났다. 나는 벌써 만 1개년간을 두고 하루도 거르지 않고 매일 밤에 이러한 곤경을 당하여 오므로 이렇게 "으아" 하는 첫 소리가 들리자 "아이구, 또" 하는 말이 부지불각 중 나오며 이맛살이 찌푸려졌다. 나는 어서 속히 면하려고 신식 규칙도 집어치우고 젖을 대 주었다. 유아는 몇

모금 꿀떡꿀떡 넘기다가 젖꼭지를 스르르 놓고 쌕쌕하며 깊이 잠이 들었다.

나는 비로소 시원해서 돌아누우나 나의 잠은 벌써 서천서역국(인도)으로 속거천리하였다. 그리하여 다만 방 한가운데에 늘어져 환히 켜 있는 전등을 향하여 눈방울을 자주 굴릴 따름, 과거의 학창 시대로부터 현재의 가정생활, 또 미래는 어찌 될까! 이렇게 인생에 대한 큰 의문, 그거에 대한 나의 무식한 대답, 고통으로부터 시작하였으나 결국 재미있게 밤을 새우는 것이 병적으로 습관성이 되다시피 하였다.

정직히 자백하면 내가 전에 생각하던 바와 지금 당하는 사실 중에 모순되는 일이 한두 가지가 아니나 어느 틈에 내가 처妻가 되고 모母가 되었나? 생각하면 확실히 꿈속 일이다. 내가 때때로 말하는 "공상도 분수가 있지!" 하는 간단한 경탄어는 만 2개년간 사회에 대한 가정에 대한 다소의 쓴맛 단맛을 맛본 나머지의 말이다.

실로 나는 자릿자릿하고 부르르 떨리며 달고 열나는, 소위 사랑의 꿈은 꾸고 있었을지언정 그 생활에 감춰진 반찬 걱정, 옷 걱정, 쌀 걱정, 나무 걱정, 더럽고 게으르고 속이기 좋아하는 하인과의 싸움으로부터 접객에 대한 범절, 친척에 대한 의리, 일언일동

一言一動이 모두 남을 위하여 살아야 소위 가정이란 것이 있는 줄 누가 알았겠으며, 더구나 빨아 댈 새 없이 적셔 내놓는 기저귀며, 주야 불문하고 단조로운 목소리로 깨깨 우는 소위 자식이라는 것이 생기어 내 몸이 쇠약해지고 내 정신이 혼미해져서 "내 평생 소원은 잠이나 실컷 자 보았으면" 하게 될 줄이야 누가 상상이나 하였으랴. 그러나 불평 말하고 싶은 것보다 인생에 대하여 의문이 자라 가며, 후회를 하는 것이 아니라 남보다 더 한 가지 맛을 봄을 행복으로 안다. 그리하여 내 앞에는 장차 더한 고통, 더한 희망, 더한 낙담이 있기를 바라며 그것에 지지 않을 만한 수양과 노력을 일삼아 가려는 동시에 정월(晶月, 나혜석의 호)의 대명사인 '나열(나혜석의 딸)의 모母'는 '모 될 때'로 '모 되기'까지의 있는 듯 없는 듯한 이상한 심리 중에서 '있었던 것을' 찾아 여러 신식 모母 님들께 "그렇지 않습니까, 아니 그랬지요?"라고 묻고 싶다.

재작년, 즉 1920년 9월 중순경이었다. 그때 나는 경성 인사동 자택 2층에 와석臥席하여 내객을 사절하였다. 나는 원래 평시부터 호흡 불순과 소화불량 병이 있으므로 별로 걱정할 것도 없었으나, 이상스럽게 구토증이 생기고 촉감이 예민해지며 식욕이 부진할 뿐 아니라 싫고 좋은 식물 선택 구별이 너무 정확해졌다. 그래서 언젠지 철없이 고만 불쑥 증세를 말했더니 옆에 있던 경험

있는 부인이 "그것은 태기요" 하는 말에 나는 깜짝 놀라 내놓은 말을 다시 주워 들이고 싶었다. 그러나 내가 과연 부끄러워서 그랬던 것도 아니고 몰랐던 것을 그때 비로소 알게 된 것도 아니었다. 그러나 이 일로부터 나는 먹을 수 없는 밥도 먹고 할 수 없는 일도 하여 참을 수 있는 대로 참아 가며 그 후로 '그 말'은 일절 입 밖에도 내지 않고 어찌하면 그네들로 의심을 풀게 할까 하는 것이 유일의 심려였다. 그러나 증세는 점점 심해져서 이제는 참을 수도 없거니와 참고 말 아니하는 것으로만은 도저히 그네들의 입을 틀어막을 방패가 되지 못하였다. 그러나 그래도 싫다. 한 사람 더 알수록 정말 싫다. 마치 내 마음으로 '그런 듯'하게 몽상하는 것을 그네들 입으로 '그렇게' 구체화하려고 하는 듯싶었다.

어쩌면 그다지도 몹시 밉고 싫고 원망스러웠던지! 그리하여 이것이 혹시 꿈속 일이나 되었으면! 언제나 속히 이 꿈이 반짝 깨어 "도무지 그런 일 없다" 하여질까? 아니 그럴 때가 꼭 있겠지 하며 바랄 뿐 아니라 믿고 싶었다.

그러나 얼마 지나지 않아 믿던 바 꿈이 조금씩 깨어 왔다. '도무지 그럴 리 없다'고 고집을 세울 용기는 없으면서도 아직까지도 아이다, 태기다, 임신이다, 라고 꼭 집어내기는 싫었다. 그런 중에 배 속에서는 어느덧 무엇이 움지럭거리기 시작하는 것을 깨달은 나는 몸이 으스스해지고 가슴에서 무엇인지 떨어지는 소리가 완연히 탕 하는 것같이 들렸다.

  나는 무슨 까닭인지 몰랐다. 모든 사람의 말은 나를 저주하는 것 같고 바람에 날려 들리는 웃음소리는 나를 비웃는 것 같았다. 탕탕 부딪고 엉엉 울고도 싶었고 내 살을 꼬집어 뜯어 줄줄 흐르는 빨간 피를 또렷또렷 보고도 싶었다. 아아, 기쁘기는커녕 수심에 싸일 뿐이오, 우습기는커녕 버적버적 가슴을 태울 뿐이었다. 책임을 면하려고 시집가라 강권하던 형제들의 소위가 괘씸하고 감언이설로 "너 아니면 죽겠다" 하여 결국 제 성욕을 만족케 하던 남편은 원망스럽고 한 사람이라도 어서 속히 생활이 안정되기를 희망하던 친구님네, "내 몸 보니 속 시원하겠소" 하며 들이대고 싶을 만큼 악만 났다. 그때에 나의 둔한 뇌로 어찌 능히 장차 닥쳐오는 고통과 속박을 추측하였을까.

  나는 다만 여러 부인들께 이러한 말을 자주 들어 왔을 뿐이었다. "여자가 공부는 해서 무엇 하겠소. 시집가서 아이 하나만 낳으면 볼일 다 보았지!" 하는 말을 할 때마다 나는 언제든지 코웃음으로 대답할 뿐이오, 들을 만한 말도 되지 못할 뿐 아니라 그럴 리 만무하다는 신념이 있었다. 이것은 공상이 아니라 구미 각국 부인들의 활동을 보아도 그렇고 또 제일 가까운 일본에도 요사노

아키코与謝野晶子는 10여 인의 어머니로서 달마다 논문과 시가 창작으로부터 그의 독서하는 것을 보면 확실히 '아니하려니까 그렇지? 다 같은 사람, 다 같은 여자로, 하필 그 사람에게만 이런 능력이 있으랴' 싶은 마음이 있어 아무리 생각해 보아도 내가 잘 생각한 것 같았다.

 그리하여 그런 말을 하는 부인들이 많을수록 나는 더욱 절대로 부인否認하고 결국 나는 그네들 이상의 능력이 있는 자로 자처하면서도 언제든지 꺼림칙한 숙제가 내 뇌 속에 횡행했다. 그러나 그 부인들은 이구동언으로 "네 생각은 결국 공상이다. 오냐, 당해 보아라. 너도 별수 없지" 하며 나의 의견을 부인하였다. 과연 몇 년 전까지 나와 같이 앉아서 부인네들을 비난하며 "나는 그렇게 아니 살 테야" 하던 고등교육 받은 신여자들을 보아도 별다른 것 보이지 않을 뿐이라. 구식 부인들과 같은 살림으로 1년, 2년 예사로 보내고 있는 것을 보면 아무리 전에 말하던 구식 부인들은 신용할 수 없더라도, 이 신부인의 가정만은 신용하고 싶었다. 그것은 결코 개선할 만한 능력과 지식과 용기가 없지 않다. 그러면 누구든지 시집가고 아이 낳으면 그렇게 되는 것인가, 되지 않고는 아니 되나?

 그러면 나는 그 고뇌에 빠지는 초보初步에 서 있다. 마치 눈 뜨고 물에 빠지는 격이었다. 실로 앞이 캄캄하여 올 때에 하염없이 눈물이 흘렀다. 그리하여 세상일을 잊고 단잠에 잠겼을 때에도 누가 곁에서 바늘 끝으로 찌르는 것 같이 별안간 깜짝 놀라 깨었다. 이러한 때에는 체온이 차졌다 더워졌다 땀이 말랐다 흘렀다 하여 조바심이 나서 마치 저울에 물건을 달 때 접시에 담긴 것이 쑥 내려지고 추가 훨씬 오르는 것 같이 내 몸은 번쩍 공중으로 떠오르고 머리는 천근만근으로 무거워 축 처져 버렸다.

너무나 억울하였다. 자연이 광풍을 보내사 겨우 방긋한 꽃봉오리를 참혹히 꺾어 버린다 하면 다시 누구에게 애소哀訴할 곳이 있으리오마는, 그래도 설마 '자연'만은 그럴 리 없을 듯하여 애원하고 싶었다. "이렇게 억울하고 원통한 일도 또 있겠느냐?"고.

나는 할 일이 많았다. 아니 꼭 해야만 할 일이 부지기수다.

게다가 내 눈이 겨우 좀 뜨이려고 하는 때였다. 예술이 무엇이며 어떠한 것이 인생인지, 조선 사람은 어떻게 해야 하겠고 조선 여자는 이리해야만 하겠다는 것을, 이 모든 일이 결코 타인에게 미룰 것이 아니다. 내가 꼭 해야 할 일이었다.

2

그것은 의무나 책임 문제가 아니라, 사람으로 생겨난 본의本意

라는 것까지 나는 겨우 좀 알아 왔다. 동시에 내 과거 20여 년 생애는 모든 것이 허위요, 나태요, 무식이요, 부자유요, 허영의 행동이었다는 생각이 들었다. 나는 과연 소위 전문학교까지 졸업하였다 하나, 남이 알까 봐 겁나도록 사실 허송세월의 학창 시절이었고, 결국 유명무실의 몰상식한 데서 면할 수 없는 몸이 되었다. 인생을 비관하며 조선 사람을 저주하고, 조선 여자에게 실망하였다.

쓸데없이 부자유의 불평을 주창하였으며, 오늘 할 일을 내일로 미루어 버리는 일이 많았다. 나는 내게서 이런 모든 결점을 찾아낼 때 조금도 유망한 아무 장점이 보이지 않았다. 그러나 내게는 유일무이한 사랑의 힘이 옆에 있었고, 또 아직 20여 세 소녀로 전도의 요원한 세월과 시간이 내 마음껏 살아가기에 너무나 넉넉하였다. 이와 같이 내게서 넘칠 만한 희망이 생겼다. 터지지 않을 듯한 딴딴한 긴장력이 발했다. 전 인류에게 애착심이 생기고 동포에 대한 의무심이 나며 동류에 대한 책임이 생겼다. 이때와 같이 작품을 낸 적이 없었고 이때와 같이 독서를 한 일이 짧은 생애나마 과거에 한 번도 없었다. 나는 이 마음이 더 견고는 하여질지언정 약해질 리는 만무하고, 내 희망이 새로워질지언정 고정될 리 만무하리라 꼭 신앙하고 있었다. 즉 내가 갈 길은 지금이 출발점이라고 하였다. 더구나 내게는 이러한 버리지 못할 공상이 있어서 나를 많이 도와주었다. 내가 불행 중 다행으로 반년 감옥 생활 중에 더할 수 없는 구속과 보호와 징역과 형벌을 당해 가면서라도 옷자락을 뜯어 손톱으로 편지를 써서 운동 시간에 내던지던 갖은 기묘한 일이 많았던 조그마한 경험상으로 보아 '사람이 하려고 하는 마음만 있으면 별 힘이 생기고 못할 일이 없다'고, 이것만은 꼭 맛보아 얻은 생각으로 잊을 수 없이 내 생활 전체를 지배하고 있었다. 내 독신 생활의 내용이 돌변함도 이 까닭이었다(지금까지는 아직 그 마음이 있지만). 그와 같이 나는 희망과 용기 가운데서 펄펄 뛰며 살아갈 때였다.

여러분은 이제는 나를 공평정대히 심판하실 수 있겠다.

참 정말 억울했다. 이 모든 희망이 없어지는 것이 원통하였다. 이때에 마음은 세속 자살의 의미 이상으로 악착해서 원한의 자살을 결심하였다. 어떻게 저를 죽이면 죽는 제 마음까지 시원할까 하였다.

생의 인연이란 참 이상스러운 것이다. 나는 이 중에서 다시 살아갈 되지못한 희망이 났다. '설마 내 배 속에 아이가 있으랴. 지금 뛰는 것은 심장이 뛰는 것이다. 나는 조금도 전과 변함없이 넉넉한 시간에 구속 없이 돌아다니며 사생寫生도 할 수 있고 책도 볼 수 있다'고 생각할 적에 나는 불만스러우나마 광명이 조금 보였다. 그러나 이와 같이 침착하게 정리되었던 내 속에서 어느덧 모든 것이 하나씩 둘씩 날아가 버리고 내 속은 마치 고목의 속 비고 살아 있는 듯 나는 텅 비어 공중에 떠 있고 나의 생명은 다만 혈액 순환에다가 제 목숨을 맡겨 버렸다.

지금 생각건대 하느님께서는 꼭 나 하나만은 살려 보시려고 퍽 고생을 하신 것 같다. 그리하여 내게는 전생에서부터 너는 후생에 나가 그렇게 살지 말라는 무슨 숙명의 상급을 받아 가지고 나온 모양 같다. 왜 그러냐 하면 나는 그중에서도 무슨 책을 보았다. 그러나 어느 날 심야에 책을 읽다가 깜짝 놀라서 옆에 곤히 자던 남편을 깨워 임신 이래의 내 심리를 말하고 나를 두 달간만 도쿄에 다시 보내 주지 않으면 나는 다시 살아날 방책이 없다고 한즉, 고마운 그는 내게 쾌락快諾하여 주었다. 쾌락을 받는 순간에 '저와 같이 고마운 사람과 아무쪼록 잘 살아야지'라는 내게는 예상치 못했던 이중 기쁨이 생겼다.

나는 이상스럽게도 몽상의 세계에서 실제의 세계로 껑충 넘어뛴 것 같았다. 아니, 뛰어졌다. 이 두 세계의 경계선을 정확히 갈라 밟은 때는 내가 회당에서 목사 앞에 서서 이성에 대하여 공동 생애를 언약할 때보다 오히려 이때였다. 나는 비로소 시간 경제

의 타산이 생겼다. 다른 것은 다 예상치 못하더라도 아이가 나오면 적어도 제 시간의 반은 그 아이에게 바치게 될 것쯤이야 추측할 수 있었다. 그리하여 1분이라도 내게 족할 때에 전에 허송한 것을 조금이라도 보충할까 하는 동기였다. 그러므로 내 도쿄행은 비교적 침착하였고 긴장하여 1분 1각을 아껴 전문專門 방면에 전심치지專心致志하였다. 과거 4, 5년간의 유학은 전혀 헛것이오, 내가 도쿄에 가서 공부를 하였다고 말하려면 오직 이 두 달간뿐이었다. 내게는 지금도 그때의 인상밖에 남은 것이 없다. 그러나 나는 동창생 중에 미혼자를 보면 부러웠고 더구나 활기 있고 건강한 그들의 안색, 그들의 체격을 볼 때 밉고 심사가 났다. 이렇게 수심에 싸인 남모르는 슬픔 중에 어느 동무는 아직 내가 출가하지 않은 줄 알고 "라 상도 애인이 있어야겠지요羅さんも戀人が居るでしょね" 하고 놀렸다. 나는 어물어물 "네ぃーえ" 하고 대답을 하면서 속으로 '나는 벌써 연애의 출발점에서 자식의 표지에 도달한 자다'라고 하였다. 어쩐지 저 처녀들과 좌석을 같이 할 자격까지 잃은 몸 같기도 하였다. 그들의 천진난만한 것이 어찌 부럽고 탐이 나던지, 무슨 물건 같으면 어떠한 형벌을 당하든지 도적질을 할지 몰랐을 것이다. 나는 이와 같이 내가 처녀 때에 기혼한 부인을 싫어하고 미워하던 감정을 도리어 내 자신이 받게 되었다. 그러나 그

럭저럭 나는 벌써 임신 6개월이 되었다.

그러면 입으로는 '사람이 무엇이든지 아니하려니까 그렇지 안 될 것이 없다……'고 하면서 아이 하나쯤 생긴다고 무슨 그다지 걱정될 것이 있나. 몇 자식이 주렁주렁 매달릴수록 그중에서 남 못하는 일을 하는 것이 자기 말의 본의가 아닌가? 그러나 먼저 나는 어떠한 세계에서 살았는지에 대하여 좀 더 말할 필요가 있을 것이다.

나는 실로 공상과 이상 세계에 살아온 자였다. 그러므로 실세계와는 마치 동서양이 현수懸殊한 것과 같이, 아니 그보다도 더 멀고멀어서, 나와 같은 자는 도저히 거기까지 가 볼 것 같지도 못하였다. 그러나 남들 보기에는 내가 벌써 결혼 세계로 들어설 때가 곧 실제 세계의 반로까지 온 것이었다. 그러나 내 심리도 그렇지 않았고 또 결혼 생활의 내용도 역시 전혀 공상과 이상 속에서 살아왔다. 원래 내가 남의 처가 되기 전에는 그 사실을 퍽도 무섭고 어렵게 생각하였다. 그리하여 나 같은 자는 도무지 사람의 처가 되어 볼 때가 생전 있을 것 같지 아니하였다. 그러던 것이 자각이나 자원自願보다 우연한 기회로 타인의 처가 되고 보니 결혼 생활이란 너무나 쉬운 일 같았다. 결혼 생활을 싫어하던 제1의 조건인 공상 세계에서 떠나기 싫던 것도, 웬일인지 결혼한 후는 그 세계의 범위가 더 넓고 커질 뿐이었다. 그러므로 독신 생활을 주창하는 것이 너무 쉽고도 어리석어 보였다. 또 결혼 생활을 회피하던 제2조로 '구속을 받을 터이니까' 하던 것이 무슨 까닭인지 별안간에 심신이 매우 침착해져 온 세계 만물이 내 앞에서는 모두 굴복을 하는 것 같고 조금도 구속될 것이 없었다. 이는 내가 결혼생활 후 세 달간에 경성 시가市街를 일주한 것이며, 겸하여 학교에 매일 출근하였고, 또 열나고 정 있는 작품이 수십 개 된 것으로 충분히 증거를 삼을 수 있다. 그렇게 된 그 사실이 즉 실세계라 할지 모르겠으나, 나는 도저히 공상과 이상 세계를 떠나고서는 이러한 정력이 계속될 수 없을 줄 알며 이러한 신비적 생활을 할 수 없었으리라고 확신하는 바다. 그러나 여기까지 이르러서도 어머니가 될 생각은 꿈에도 없었다. 혹 생각해 본 일이 있었다 하면 부인 잡지 같은 것을 보고 난 뒤에 잠깐 꿈같이 그려 보았을 뿐이었다. 그리하여 처가 되어 볼 꿈을 꿀 때에는 하나에서 둘, 둘에서 셋, 그렇게 힘들지 않게 요리조리 배치해 볼 수 있었으나 모 될 꿈을 꿀 때에는 하나가 나서고 한참 있다 둘이 나서며 그다음 셋부터는 결코 나서지 않으리라. 그리되면 더 생각해 볼 것도 아니하고 떠오르던 생각은 싹싹 지워 버렸다. 그러나 다른 것으로 이렇게 답답하고 알 수 없을 때에 내가 비관하여 몸부림하던 것에 비하면 너무 태연하였고 너무 낙관적이었다. 이와 같이 나로부터 '모'의 세계까지는 숫자로 계산할 수 없을 만한 멀고 먼 세계였다. 실로 나는 내 눈앞의 무궁무진한 사물에 대하여 배울 것이 하도 많고 알 것이 너무 많았다. 그리하여 그 멀고 먼 딴 세계의 일을 지금부터 끄집어내는 것이 너무 부끄럽고 염치없을 뿐 아니라 불필요로 알았다. 그러므로 행여 그런 쓸데없는 것이 나와 내 뇌에 해롭게 할까 하여 조금 눈치가 보이는 듯만 하여도 어서 속히 집어치웠다. 그러면 내가 주장하는 그 말은 허위가 아니냐고 비난할 수 있을지 모르겠다. 과연 모순된 일이었다. 그러나 생각하여 보면 당연한 일이 아닐까도 싶다. 즉 지식이나 상상쯤 가지고서는 알아낼 수 없는 사실이 있다. 다시 말하면 이것이 애愛의 필연이요, 불임의不任意 혹 우연의 결과로 치더라도 우리 부부 간에는 자식에 대한 욕망, 부모 되고자 하는 욕慾이 없었다.

3

나는 분만기가 닥쳐올수록 이러한 생각이 났다. '내가 사람의 모가 될 자격이 있을까? 그러나 있기에 자식이 생기는 것이겠지'하며 아무리 이리저리 있을 듯한 것을 끌어 보니, 생리상 구조의 자격 외에는 겸사謙辭가 아니라 정신상으로는 아무 자격이 없다고 하는 수밖에 없었다. 성품이 조급하여 조금조금씩 자라 가는 것을 기다릴 수 없을 듯도 싶고, 과민한 신경이 늘 고독한 것을 찾기 때문에 무시로 빽빽 우는 소리를 참을 만한 인내성이 있을 것 같지 않았다. 더구나 무지몰각하니 무엇으로 그 아이에게 숨어 있는 천분天分과 재능을 틀림없이 열어 인도할 수 있으며, 또 만일 먹여 주는 남편에게 불행이 있다 하면 나와 그의 두 몸의 생명을 어찌 보존할 수 있을까. 그리고 나의 그림은 점점 불충실해지고 독서는 시간을 얻지 못할 것이다. 다시 말하면 나는 내 자신을 교양하여 사람답고 여성답게, 그리고 개성적으로 살 만한 내용을 준비하려면 썩 침착한 사색과 공부와 실행을 위한 허다한 시간이 필요하였다.

그러나 자식이 생기고 보면 그러한 여유는 도저히 있을 것 같지도 않으니, 아무리 생각하여도 내게는 군일 같았고 내 개인적 발전상에는 큰 방해물이 생긴 것 같았다. 이해와 자유의 행복된 생활을 두 사람 사이에 하게 되고, 다시 얻을 수 없는 사랑의 창조요, 구체화요, 해답인 줄 알면서도 마음에서 솟아오르는 행복과 환락을 느낄 수 없는 것이 어찌나 슬펐는지 몰랐다.

나는 자격 없는 모 노릇 하기에는 너무 양심이 허락지 아니하였다. 마치 자식에게 죄악을 짓는 것 같아서였다.

그리고 인류에 대하여 면목이 없었다. 그렇게 생각다 못하여 필경 타태墮胎라도 하여 버리겠다고 생각하여 보았다. 법률상 도덕상으로 나를 죄인이라 하여 형벌하면 받을지라도 조금도 뉘우칠 것이 없을 듯싶었다. 그러나 이것은 실제로 당하였을 때 순간적으로 일어나는 추악감에 불과하였고, 두 개의 인격이 결합하였고 사랑이 융화한 자타의 존재를 망각할 만큼 영육이 절대의 고경苦境 앞에 서 있을 때 능히 추측할 수 없는 망상에 불과하였다고 나는 정신을 수습하는 동시에 깨달았다. 이는 다만 내 자신을 모멸하고 두 사람에게 모욕을 줄 뿐인 것을 진실로 알고 통곡하였다. 좀 더 해부적으로 말하자면 나는 항상 개인으로 살아가는 부인도 중대한 사명이 있는 동시에, 종족으로 사는 부인의 능력도 위대하다는 이지와 이상을 가졌으며, 그리하여 성적 방면으로 먼저 부인을 해방함으로 말미암아 부인의 개성이 충분히 발현될 수 있고 또 그것은 '진眞'이라고 말하던 것과는 너무 모순이 크고 충돌이 심하였다.

내게 조금 자존심이 생기자 불안과 두려움이 불 일듯 솟아올라 왔다. 동시에 절대로 요구하는 조건이 생겼다. 이왕 자식을 낳을 지경이면 보통이나 혹 보통 이하의 것을 낳고는 싶지 않았다. 보통 이상의 미안美顔에, 마력을 가진 표정이며, 얻을 수 없는 천재며,

특출한 개성으로 맹진猛進할 만한 용감을 가진 소질을 구비한 자를 낳고 싶었다. 그러면 아들이냐? 딸이냐? 무엇이든지 상관없다. 그러나 남자는 제 소위 완성자가 많다 하니, 딸을 하나 낳아서 내가 못 해 본 것을 한껏 시켜 보고 싶었다. 한 여자라도 완성자를 만들어 보고 싶었다. 그러하면 만일 딸이 나오려거든 좀 더 구비하여 가지고 나오너라, 하고 심축心祝하였다.

  그러나 낙심이다, 실망이다, 내 배 속에 있는 것은 보통은 고사하고 불구자다, 병신이다. 배 속에서 뛰노는 것은 지랄을 하는 것이오, 낳으면 미친 짓하고 돌아다닐 것이 눈앞에 암암하다. 이것은 전혀 내 죄다. 포태 중에는 웃고 기뻐해야 한다는데 항상 울고 슬퍼했으며, 안심하고 숙면하여야 좋다고 하는데 부절히 번민 중에서 불면증으로 지냈고, 자양분이 많은 음식을 많이 먹어야 한다는데 식욕이 부진하였다. 그렇게 갖은 못된 태교만 모조리 했으니 어찌 감히 완전한 아이가 나오기를 바랄 수 있었으리오. 눈이 삐뚜로 박혔든지 입이 세로 찢어졌든지 허리가 꼬부라졌든지 그러한 악마 같은 것이 나와서 "이것이 네 죗값이다"라고 할 듯싶었다. 몸소름이 쪽 끼치고 사지가 벌벌 떨렸다. 이러한 생각이 깊어 갈수록 정신이 아득하고 눈앞이 캄캄해 왔다. 아아, 내 몸은 사시나무 떨 듯 떨렸다.

그러나 세월은 빠르기도 하다. 한 번도 진심으로 희망과 기쁨을 느껴 보지 못한 동안에 어느덧 만삭이 당도하였다. 참 천만 의외에 기이한 일이 있었다. 이 사실만은 꼭 정말로 알아주기를 바란다. 그 이듬해 4월 초순경이었다. 남편은 외출하여 없고 두 칸 방 중간 벽에 늘어져 있는 전등이 전에 없이 밝게 비추는 온 세상이 잠든 고요한 밤 12시경이었다. 나는 분만 후 영아에게 입힐 옷을 백설 같은 가제로 두어 벌 말라서 꿰매고 있었다. 대중을 할 수가 없어서 어림잡아 조그마한 인형에게 입힐 만하게 팔 들어갈 데 다리 들어갈 데를 만들어서 방바닥에다 펴 놓고 보았다. 나는 부지불각 중에 문득 기쁜 생각이 넘쳐 올랐다. 일종의 탐욕성인 불가사의의 희망과 기대와 환희의 염念을 느끼게 되었다. 어서 속히 나와 이것을 입혀 보았으면! 얼마나 고울까, 사랑스러울까. 곧 궁금증이 나서 못 견디겠다. 진정으로 그 얼굴이 보고 싶었다. 그렇게 만든 옷을 개켰다, 폈다, 놓았다, 만졌다, 하고 기뻐 웃고 있었다. 남편이 돌아와 내 안색을 보고 그는 같이 좋아하고 기뻐하였다. 두 사람 간에는 무언중에 웃음이 밤새도록 계속되었다. 이는 결코 내가 일부러 기뻐하려던 것이 아니라, 순간적 감정이었다. 이것만은 역설을 가하지 않고 자연성 그대로를 오래 두고 싶다.

『경성일월』에서

임신 중 한 번도 없었고 분만 후 한 번도 없는 경험이었다.

그달 29일 오전 2시 25분이었다. 내가 지금까지 가진 병 앓아 보던 아픔에 비할 수 없는 고통을 10여 시간 겪어 거의 기진하였을 때에 이 세상이 무슨 그다지 볼만한 곳인지 구태여 기어이 나와서 "으앙으앙" 울고 있었다. 그때 나는 몇 번이나 울었는지 산파가 어떻게 하며 간호부가 무엇을 하고 있는지 도무지 모르고, 시원한 것보다 아팠던 것보다 무슨 까닭 없이 대성통곡하였다. 다만 섧을 뿐이고 원통할 따름이었다. 그 후 병원 침상에서 스케치북에 이렇게 쓴 것이 있다.

아프데 아파

참 아파요 진정

과연 아프데

푹푹 쑤신다 할까

씨리씨리다 할까

딱딱 결린다 할까

쿡쿡 찌른다 할까

따끔따끔 꼬집는다 할까

찌르르 저리다 할까

깜짝깜짝 따갑다 할까

이렇게 아프다나 할까

아니라 이도 아니라

박박 뼈를 긁는 듯

짝짝 살을 찢는 듯

바짝바짝 힘줄을 옥죄는 듯

쪽쪽 핏줄을 뽑아내는 듯

살금살금 살점을 저미는 듯

오장이 뒤집혀 쏟아지는 듯

도끼로 머리를 부수는 듯

이렇게 아프다나 할까

아니라 이도 또한 아니라

조그맣고 샛노란 하늘은 흔들리고

높은 하늘 낮아지며

낮은 땅 높아진다

벽도 없이 문도 없이

통하여 광야 되고

그 안에 있는 물건

정월, 경성에서.

쌩쌩 돌다가는

어쩌면 있는 듯

어쩌면 없는 듯

어느덧 맴돌다가

갖은 빛 찬란하게

그리도 곱던 색에

매몰히 씌워 주는

검은 장막 가리니

이 내 작은 몸

공중에 떠 있는 듯

구석에 끼워 있는 듯

침상 아래 눌려 있는 듯

오그라졌다 퍼졌다

땀 흘렀다 으스스 추웠다

그리도 괴롭던가!

그다지도 아프던가!

차라리

펄펄 뛰게 아프거나

쾅쾅 부딪게 아프거나

끔벅끔벅 기절하듯 아프거나

했으면

무어라 그다지

10분간에 한 번

5분간에 한 번

금세 목숨이 끊일 듯이나

그렇게 이상히 아프다가

흐리던 날 햇빛 나듯

반짝 정신 상쾌하며

언제나 아팠냐는 듯

무어라 그렇게

갖은 양념 가하는지

맛있게도 아파라

어머님 나 죽겠소,

여보 그대 나 살려주오

내 심히 애걸하니

옆에 팔짱 끼고 서 있던 부군

경성에서.
정월.

"참으시오" 하는 말에

이놈아 듣기 싫다

내 악 쓰고 통곡하니

이 내 몸 어이하다가

이다지 되었던고

(1912년 5월 8일 산욕産褥 중에서)

4

분만 후 24시간이 되자 산파는 갓난아이를 다른 침대에서 담쏙 안아다가 예사로이 내 옆에다가 살며시 누이며 "이제 젖을 주어도 좋소" 한다. 나는 깜짝 놀라 "응? 무엇?" 하며 물으니까, 그녀는 생긋 웃으며 "첫 애기지요, 아마?" 한다. 부끄럽고 이상스러워서 아무 대답도 아니했다. 그녀는 벌써 눈치를 채었는지 자기 손으로 내 젖을 꺼내서 주물러 풀고 나서는 "이렇게 먹이라"고 내 팔 위에다가 갓난아이의 머리를 얹어 그 입이 꼭 내 젖꼭지에 닿을 만치 대어 주며 젖 먹이는 방법을 가르쳐 주었다. 나는 어쩐지 몹시 섬뜩했다. 냉수를 등에다 쭉 끼얹는 듯하였다. 나를 낳고 기른 부모도, 또 골육을 같이 한 형제도, 죽자 사자 하던 친구도 아직 내 젖을 못 보았고 물론 누구의 눈에든지 띌까 봐 퍽도 비밀히 감춰 두었다. 그 싸고 싸둔 가슴을 대담히 헤치며 아직 입김을 대어 못 보던 내 두 젖을 공중公衆 앞에 전개시키라는 명령자는 어제야 겨우 세상 구경을 한 핏덩어리였다.

이게 웬일인가? 살은 분명히 내 몸에 붙은 살인데 절대의 소유자는 저 조그만 핏덩이로구나!

그리하여 저 소유자가 세상에 나오자마자 으레 제 물건 찾듯이 불문곡직하고 찾는구나! 나는 웃음이 나왔다. '세상 일이 이다지 허황된가' 하고. 그리고 "에라, 가져가거라" 하는 퉁명스러운 생각으로 지금까지 맡아 두었던 두 젖을 쪼그만 소유자에게 바쳤다. 그리고 그 하회下回를 기다리고 앉았다. 그 조그만 주인은 아주 예사롭게 젖꼭지를 덥석 물더니 쉴 새 없이 마음껏 힘껏 빨고 있다. 내 큰 몸뚱이는 그 조그마한 입을 향하여 쏠리고 마치 허다한 임의의 점과 점을 연결하면 초점에 달하듯 내 전신 각 부분의 혈맥은 그 조그마한 입술의 초점으로 모아드는 듯싶었다. 이와 같이 벌써 모 된 선고를 받았다.

그러나 설상에 가상이다. 60일 동안은 겨우 어렵게 유지를 하여 가더니 그 후부터는 일절 젖이 나오지를 않는다. 이런 일은 빈혈성인 모체에 흔히 있는 사실이지만 유모를 구하려 해야 입에 맞는 떡으로 그리 쉽사리 얻을 수도 없고 밤중 같은 때에는 자기의 젖으로 용이하게 재울 수 있을 것도, 숯을 피운다, 그릇을 가져온다, 우유를 데운다, 하는 동안에 어린애는 금방 죽을 듯이 파랗게 질려서 난가亂家를 만든다. 그러나 겨우 먹여 재워 놓고 누우면 약 두 시간 동안은 도무지 잠이 들지 않는 것이 보통이었으나, 어찌어찌해서 잠이 들 듯하게 되면 또다시 바스스 일어나서 못살게 군다. 이러한 견딜 수 없는 고통이 몇 달간 계속되더니 심신의 피곤은 이제 극도에 달하여 정신엔 광증이 발하고 몸에는 종기가 끊일 새가 없었다.

내 눈은 항상 체 쓴 눈이었고 몸은 마치 도깨비 같아 해골만 남았다. 그렇게 내가 전에 희망하고 소원이던 모든 것보다 오직 아침부터 저녁까지 똑 종일만, 아니 그는 바라지 못하더라도 꼭 한 시간만이라도 마음을 턱 놓고 잠 좀 실컷 자 보았으면 당장 죽어도 원이 없을 것 같았다. 나도 전에 잠잘 시간이 너무 족할 때는 그다지 잠에 뜻을 몰랐더니 '잠'처럼 의미 깊은 것이 없는 줄 안다. 모든 성공, 모든 이상, 모든 공부, 모든 노력, 모든 경제, 모든 낙관의 원천은 오직 이 '잠'이다. 숙면을 한 후는 식욕이 많고 식욕이 있으면 많은 반찬이 무용이요, 소화 잘되니 건강할 것이요, 건강한 신체는 건전한 정신의 기본이다. 이와 같이 어디로 보든지 '잠' 없고는 살 수 없는 것이다. 진실로 잠은 보물이요, 귀물이다. 그러한 것을 탈취해 가는 자식이 생겼다 하면 이에 더한 원수는 다시 없을 것 같았다. 그러므로 나는 '자식이란 모체의 살점을 떼어 가는 악마'라고 정의를 발명하여 재삼 숙고하여 볼 때마다 이런 걸작이 없을 듯이 생각했다. 나는 이러한 애소의 산문을 적어 두었던 일이 있었다.

   세인들의 말이

   실연한 나처럼

   불쌍하고 가련하고

   참혹하고 불행한 자는

   또 없으리라고

   아서라 말아라

   호강에 겨운 말

   여기 나처럼

   눈이 꽉 붙고

   몸이 착 붙어

   어쩔 수 없을 때

   눈 떠라 몸 일으켜라

정월 경성에서

벼락같은 명령 받으니

네게 대한 형용사는

쓰기까지 싫어라

잠 오는 때 잠자지 못하는 자처럼 불행, 고통은 없을 터이다. 이것은 실로 이브가 선악과 따먹었다는 죗값으로 하느님의 분풀이보다 너무 참혹한 저주다. 나는 이러한 첫 경험으로 인하여 태고부터 지금까지의 모든 모가 불쌍한 줄을 알았다. 더구나 조선 여자는 말할 수 없다. 천신만고로 양육하려면 아들이 아니요, 딸이라고 구박하여 그 벌로 축첩까지 한다. 이러한 야수적 멸시하에서 살아갈 때 그 설움이 어떠할까. 그러나 부득이하나마 그들의 몸에는 살이 있고, 그들의 얼굴에는 웃음이 있다. 그들의 생활은 전혀 현재를 희생하여 미래를 희망하는 수밖에 살길이 전혀 없었다. 오죽하여 그런 생을 계속하여 오리오마는 그들의 진정에서 우러나오는 연애심이며, 이것을 어서 속히 길러서 '그 덕에 호강을 해야지' 하는 희망과 환락을 생각할 때 실로 그들에게는 잘 수 없고 먹을 수 없는 고통도 고통이 아니요, 양육할 번민도 없었고, 구박받는 비애를 잊었으며, 궁구하는 적막이 없었다. 말하자면 자연 그대로의 하느님, 그 몸대로의 선하고 미美한 행복의 생활이었다. 그러므로 1인의 모보다도 2인, 3인 다수의 모가 될수록 천당 생활로 화化하여 간다고 할 수 있다.

나는 어느 심야에 잠 잃고 조바심이 날 때 문득 이러한 생각이 솟아오르자 주먹을 불끈 쥐고 벌떡 일어나 앉았다.

"옳지, 이제는 알았다! 부모가 자식을 왜 사랑하는지? 날더러 아들을 낳지 않고 왜 딸을 낳느냐고 하는 말을." 나와 같이 자연을 범하려는, 아니 범하고 있는 죄의 피가 전신에 중독이 된 자의, 일시의 반감에서 나온 말이지마는 확실히 일면으로 진리가 된다고 자긍한다. 부모가 자식을 사랑하는 것은 솟아오르는 정이라고들 한다. 그러면 아들이나 딸이나 평등으로 사랑할 것이다. 어찌하여 한 부모의 자식에게 대하여 출생 시부터 사랑의 차별이 생기고, 조건이 생기고, 요구가 생길까. 아들이니 귀엽고 딸이니 천하며, 여자보다 남자를, 약자보다 강자를, 패자보다 승자를, 이런 절대적 타산이 생기는 것이 웬일인가. 이 사실을 보아서는 그들의 소위 솟는 정이라고 하는 것을 믿을 수 없다. 그들의 내면에는 무슨 이만한 비밀이 감춰 있는 것이 분명하다. 나는 지금까지 항상 부모의 사랑을 절대로 찬미하여 왔다. 연인의 사랑, 친구의 사랑은 절대의 보수적報酬的인 반면에 부모의 사랑만은 영원무궁한 절대絶對의 무보수적 사랑이라 하였다. 그러므로 나는 조실부모한 것이 섧고 분하고 원통하여 다시 그런 영원의 사랑 맛을 보지 못할 비애를 느낄 때마다 견딜 수 없어 쩔쩔매었다. 그러나 그것은 나의 오해였음을 깨달을 적에 낙심되었다. 실망하였다. 정이 떨어졌다. 그들은 자식인 우리들에게 절대 효를 요구하여 보은하라 명령한다. 효는 백행지본百行之本이오, 죄막대어불효罪莫大於不孝(죄 중에 가장 나쁜 것은 불효다)라 하며 부몰父沒(아버지가 돌아가셨을 때)에 3년을 무개어부지도無改於父之道(부친의 도를 바꾸지 않는 것)라야 가위효可謂孝(효성스럽다고 할 수 있음)라 하여 왔다. 그렇게 자식은 부모의 절대적 노예였으며 부속품이었고 일생을 두고 부모를 위하여 희생하는 물건이 되어 버렸다. 이렇게 사랑의 분량과, 보수報酬의 분량이 늘 평행하거나 어떠한 때는 도리어 보수편報酬便에 중한 적이 있었다. 이렇게 우애나 연애에 다시 비할 수 없는 절대의 보수적報酬的 사랑이오, 악독한 사랑이었다. 그러므로 절대의 타산이 생기고 이기심이 발하여 국가의 흥망보다도 개인의 안일을 취함에는 딸보다 아들의 수효가 많아야만 하였고 딸은 무식하더라도 아들은 박식하여야만 말년에 호강을 볼 수 있는 것이라 하였다. 그들이 아들에 대한 미래에는 어찌나 무한한 희망과 쾌락이 있는지 고통 번민까지 잊고 지내왔다. 이는 능자보다 무능자에게 강하고, 개명국보다 야만국 부모에게 많이 있는 사실이다. 나는 다시 부모의 사랑을 원치 않는다. 일찍이 부모를 여읜 것은 내 몸이 자유로 해방된 것이요, 내 일이 국가나 인류를 위하는 일이 되게 천만 행복의 몸이 되었다. 당돌하나마 나는 최후로 이런 감상을 말하고 싶다.

 세인들은 흔히 모친의 사랑이라는 것은 처음부터 모 된 자 마음속에 구비하여 있는 것 같이 말하나, 나는 도무지 그렇게 생각이 들지 않는다. 혹 있다 하면 제2차부터 모 될 때에야 있을 수 있다. 즉 경험과 시간을 지나야만 있는 듯싶다. 속담에 "자식은 내리사랑이다" 하는 말에 진리가 있는 듯싶다. 그 말을 처음 한 사람은 혹시 나와 같은 감정으로 한 말이 아닌가 싶다. 최초부터 구비해 있는 것이 아니라 적어도 5, 6달간의 장시간을 두고 포육할 동안 영아의 심신에는 기묘한 변천이 생기어 그 천사의 평화한 웃음으로 모심母心을 자아낼 때, 이는 나의 혈육으로 된 것이요, 내 정신에서 생긴 것이라 의식할 순간에 비로소 자릿자릿한 모 된 처음 사랑을 느끼지 않을 수 없다. (내 경험상으로 보아 대동소이한 통성으로) 모심에 이런 싹이 나서 점점 넓고, 커 갈 가능성이 생긴다. 그러므로 '솟는 정'이라는 것은 순결성, 즉 자연성이 아니요, 단련성이라 할 수 있다. 이는 종종 있는 유모에 맡겨 포육하게 한 자식에게는 별로 어머니의 사랑이 그다지 솟지 않는 것을 보면 알 수 있다. 환

언하면 천성으로 구비한 사랑이 아니라, 포육할 시간 중에서 발하는 단련성이 아닐까 싶다. 즉 그런 솟아오르는 정의 본능성이 없다는 부인설否認說이 아니라, 자식에 대한 정이라고 별다른 것은 아니라고 말하고 싶다.

그다음에 나는 자식의 필요를 아무렇게 하여서라도 알고 싶다. 그러나 쉽게 해득할 수는 없다. 다음 대代를 낳아 다음 대를 교양하는 것은 일반 부인에게 내린 천직이다. 자연의 주장이요, 발전이다. 이런 개념적 이지와 내 당한 감정과는 너무 거리가 떨어져 있다. '생물은 종족 번식의 목적으로 생하고 활하니까'라는 말도 내게는 아무 상관없는 듯싶다. '가정에 아이가 없으면 너무 단순하니까' 달리 더 복잡하게 살 방침이 많은데. '연로하여 의지하려니까' 나는 늙어 무능해지거든 깊은 삼림 속 포곤포곤 녹계색 잔디 위에서 자결하려는데. 이 빽빽 우는 울음소리만 좀 안 들었으면 고적한 맛을 더 좀 볼 듯싶으며, 이 방해물이 없으면 침착한 작품도 낼 수 있을 듯싶고, 자식으로 인한 피곤 불건강이 아니면 아직도 많은 정력이 있을 터인데 오직 이것으로 인하여, 이렇게 절대의 필요의 반비례로 절대의 불필요가 앞서 나온다(통성通性이 아니라 독단으로). 그럴 동안 나는 자식의 필요로 조그마한 안심을 얻었다.

사람은 너무 억울한 모순 중에 칩복하여 있다. 그의 정신은 영원히 자라 갈 수 있고 그의 이상은 무한으로 자아낼 수 있으나, 오직 그의 생명의 시간이 유한 중에 너무 짧고 그의 정력이 무능 중에 너무 유한되다. 이렇게 무한적 정신에 유한적 육신으로 창조해 낸 조물주도 생각해 보니 너무 할 일이 없는 듯싶어 이에 자식을 내리사, 너 자신이 실행하다가 못한 이상을 자식에게 실현케 하라 한 듯싶다. 그리하여 한 사람 이상 중에는 미술도 문학도 음악도 의학도 철학도 교육도 보는 대로 듣는 대로 하고 싶다마는 재능이 부족할 뿐 아니라 정력이 계속 못 되어 필경 하나나 혹 둘쯤밖에, 즉 문학가로 음악을 조금 알 도리밖에 없다. 다른 모든 것에는 시간을 바칠 여가가 없어진다. 이럴 때 미술을 좋아하는 딸 의학이나 철학을 좋아하는 아들이 자라 가면, 자기가 좋아하나 다만 실행치 못하던 것을 간접인 제2 자기 몸에 실현하려는 욕망과 노력과 용감이 생기지 않는 것인가 싶다.

그러므로 자식의 의미는 단수에 있는 것이 아니라 복수에 있는 것같이 생각된다.

만일 정신상으론 모든 희망이 구비하고 정력이 계속할 만한 자신이 있더라도, 육신이 쇠약하여 부절히 병상을 떠날 수 없어 그 이상과 실행에는 하등의 관계가 없는 것같이 되면, 고통 그것은 우리 생활을 향상하는 데 아무 의미가 없을 것이요, 가치가 없을 것이다. 즉 지식으로나 수양으로 억제치 못할 불건강의 몸이 되고 본즉 "사람이 아니하려니까……" 운운하던 것도 역시 공상이다. 망상이었다.

1922년 4월 29일, 1년 생일에 김나열 모 씀

『동명』, 1923. 1

부인으로서

이혼 고백장
- 청구 씨에게

 나이 4, 50에 가까웠고, 전문교육을 받았고, 남들은 쉽게 할 수 없는 구미 만유를 하였고, 또 후배를 지도할 만한 처지에 있어서 그 인격을 통일치 못하고 그 생활을 통일치 못한 것은 두 사람 자신은 물론 부끄러워할 뿐 아니라 일반 사회에 대하여서도 면목이 없으며 부끄럽고 사죄하는 바외다.

 청구靑邱(남편 김우영의 아호) 씨!

 난생 처음으로 당하는 이 충격은 너무 상처가 심하고 치명적입니다.

 비탄, 통곡, 초조, 번민…… 이래 이 일체의 궤로에서 생의 방황을 하면서 일편으로 심연의 밑바닥에 던진 씨를 나는 다시 청구 씨, 하고 부릅니다.

청구 씨! 하고 부르는 내 눈에는 눈물이 그득 찹니다. 이것을 세상은 나를 '약자야' 하고 부를까요?

날마다 당하고 지내던 씨와 나 사이는 깊이 이해하고 모든 사정을 속속들이 안다고 자부하던 우리 사이가 몽상에도 생각지 않던 상처의 운명의 경험을 어떻게 현실의 사실로 알 수가 있으리까.

모두가 꿈, 모두가 악몽, 지난 비극을 나는 일부러 이렇게 부르고 싶은 것이 나의 거짓 없는 진정입니다.

'선량한 남편.' 적어도 당신과 나 사이에 과거 생활 궤로에 나타나는 자세가 아니오리까. '선량한 남편' 사건 이래 얼마나 부정하려 하였으나, 결국 그러한 자세가 지금 상처를 받은 내 가슴속에 소생하는 청구 씨입니다.

사건 이래 타격을 받은 내 가슴속에는 씨와 나 사이 부부 생활 11년 동안의 인상과 추억이 명멸해집니다. 모든 것에 무엇 하나 조금도 불만과 불평과 불안이 없었던 것 아닙니까. 씨의 일상의 어느 한 가지나 처인 내게 불심不審이나 불쾌를 가진 아무것도 없었던 것 아닙니까? 저녁때면 퇴근 시간에 꼭꼭 돌아오지 아니하였으며, 내게나 어린애들에게 자애 있는 미소를 띠는 씨였습니다. 연초는 소량으로 피우나 주량은 조금도 없었습니다. 이 의미로 보면 씨는 세상에 드문 '선량한 남편'이라고 아니할 수 없나이다. 그런 남편인 만치 나는 씨를 신임 아니할 수 없었나이다. 아니, 꼭 신임하였습니다. 그러한 씨가 숨은 반면에 무서운 단결성, 참혹한 타기성唾棄性이 포함해 있을 줄이야 누가 꿈엔들 생각하였으리까. 나를 반성할 만한, 나를 참회할 만한 촌분의 틈과 촌분의 여유도 주지 아니한 씨가 아니었습니까. 어리석은 나는 그래도 혹 용서를 받을까 하고 애걸복걸하지 아니하였는가.

미증유의 불상사, 세상에 모든 신용을 잃고 모든 공분 비난을 받으며, 부모 친척의 버림을 받고, 옛 좋은 친구를 잃은 나는 물론 불행하려니와 이것을 단행한 씨에게도 비탄, 절망이 적지 않을 것입니다.

오직 나는 황야에 헤매고 암야에 공막空寞을 바라고 자실自失할 뿐입니다.

떨리는 두 손에 화필과 팔레트를 들고 암흑을 향하여 가는 것인가. 그렇지 않으면 광망光芒의 순간을 구함인가. 너무 크고 너무 무거운 상처의 충격을 받은 내게는 각각으로 절박한 쓸쓸한 생명의 부르짖음을 듣고 울고 쓰러지는 충동으로 가슴이 터지는 것 같사외다.

우리 두 사람의 결혼은 '거짓 결혼'이었나. 혹은 피차에 이해와 사랑으로 결합하면서 그 생활에 흐름을 따라 우리 결혼은 '거짓'의 기로에 떨어진 것이 아니었는가. 나는 구태여 우리 결혼, 우리 생활을 '거짓'이라고 하고 싶지 않소. 그것은 이미 결혼 당시에 모든 준비, 모든 서약이 성립되어 있었고 이미 그것을 다 실행해 온 까닭입니다.

청구 씨!

광명과 암흑을 다 잃은 나는 이 공허한 자실 상태에서 정지하고 서서 한 번 더 자세히 내성(內省)할 필요가 있다고 생각합니다. 이와 같이 염두에 두느니만치 나는 비통한 각오의 앞에 서 있습니다. 세상의 모든 조소, 질책을 감수하면서 이 십자가를 등지고 묵묵히 나아가려 하나이다. 광명인지 암흑인지 모르는 인종과 절대적 고민 밑에 흐르는 조용한 생명의 속삭임을 들으면서 한 번 더 소생으로 향하여 행진을 계속할 결심이외다.

약혼까지의 내력

벌써 옛날 내가 19세 되었을 때 일이외다. 약혼하였던 애인이 폐병으로 사거하였습니다. 그때 내 가슴의 상처는 심하여 일시 발광이 되었고 이어 신경쇠약이 만성에 달하였습니다. 그해 여름방학에 도쿄에서 나는 귀향하였나이다. 그때 우리 남형男兄(나혜석의 오빠 나경석)을 찾아 나를 보러 겸하여 우리 집 사랑에 손님으로 온 이가 씨였습니다. 씨는 그때 상처喪妻한 지 이미 3년이 되던 해라 매우 고독한 때였습니다. 나는 사랑에서 조카딸과 놀다가 씨와 딱 마주쳤습니다. 이 기회를 타서 남형이 인사를 시켰습니다. 씨는 며칠 후 경성으로 가서 내게 긴 편지를 보냈습니다.

솔직하고 열정으로 써 있었습니다. 우선 자기 환경과 심신의 고독으로 아내를 얻어야겠고 그 상대자가 되어 주기를 바란다는 것이었사외다. 나는 물론 답하지 아니했습니다. 내게는 그만한 마음의 여유가 없었던 것이외다.

두 번째 편지가 또 왔습니다. 나는 간단히 답장을 하였습니다. 며칠 후에 그는 또 내려왔습니다. 파인애플과 과실을 사 가지고. 나는 이번에는 보지 아니하였습니다. 씨는 본향으로 내려가면서 도쿄 갈 때 편지해 달라고 하였습니다. 그 후 내가 도쿄를 갈 때 무의식적으로 엽서를 하였습니다. 밤중 오사카를 지날 때 웬 사방모자 쓴 학생이 인사를 하였습니다. 나는 알아보지를 못 하였던 것이외다. 교토까지 같이 와서 나는 동행 4, 5인이 있어 직행하였습니다.

도쿄 히가시오쿠보東大久保에서 동행과 같이 자취 생활을 할 때

이외다. 씨는 토산품 야쓰하시(교토 대표 과자)를 사 들고 찾아왔습니다. 씨는 도쿄제대東京帝大 청년회 웅변대회에 연사로 왔습니다. 낮에는 반드시 내 책상에서 초고를 해 가지고 저녁때면 돌아가서 반드시 편지를 하였습니다. 어느 날 밤 돌아갈 때였습니다. 전차 정류장에서 내가 손을 내밀었습니다. 씨는 뜨겁게 악수를 하고 이어 가까운 수풀로 가자고 하더니 거기서 하나님께 감사하다는 기도를 올리었습니다.

이와 같이 씨의 편지, 씨의 말, 씨의 행동은 이성을 초월한 감정뿐이었고 열뿐이었사외다. 나는 이 열을 받을 때마다 기뻤습니다. 부지불각 중 그 열 속에 녹여 들어가는 감이 생겼나이다. 이와 같이 씨는 교토, 나는 도쿄에 있으면서 하루에 한 번씩 나오기도 하고 혹 산보하다가 순사에게 주의도 받고 혹 보트를 타고 일일一日의 유쾌함을 지낸 일도 있고 설경을 찾아 여행한 일도 있었습니다. 이렇게 6년간 끄는 동안 씨는 몇 번이나 혼인을 독촉한 일이 있었습니다. 그러나 나는 단행하고 싶지 아니하였습니다. 그는 무엇보다 남이 알 수 없는 마음 한편 구석에 남은 상처의 자리가 아직 아물지 아니하였음이오. 하나는 씨의 사랑이 이성을 초월하리만치 무조건적 사랑, 즉 이성 본능에 지나지 않은 사랑이요, 나라는 일개성一個性에 대한 이해가 있을까 하는 의심이 생긴 것이외다. 그리하여 본능적 사랑이라 할진대 나 외에 다른 여성이라도 무관할 것이요, 하필 나를 요구할 필요가 없을 듯 생각이 든 것이었습니다. 전 인류 중 하필 너는 나를 구하고 나는 너를 짝 지으려 하는 데는 네가 내게 없어서는 아니 되고 내가 네게 없어서는 아니 될 무엇 하나를 찾아 얻지 못하는 이상 그 결혼 생활은 영구하지 못할 것이오. 행복하지 못하리라는 것을 나는 일찍이 깨달았던 것이었습니다. 그렇다고 나는 그를 놓기 싫었고 씨는 나를 놓지 아니하였습니다. 다만 단행을 못할 따름이었습니다. 그러다가 양편兩便 친척들의 권유와 자기 책임상 택일을 하여 결혼한 것이었습니다.

그때 내가 요구하는 조건은 이러하였습니다.

일생을 두고 지금과 같이 나를 사랑해 주시오.
그림 그리는 것을 방해하지 마시오.
시어머니와 전실前室 딸과는 별거케 하여 주시오.

씨는 무조건하고 응낙하였습니다. 나의 요구대로 신혼여행으로 궁촌窮村 벽산僻山에 있는 죽은 애인의 묘를 찾아 주었고, 석비까지 세워 준 것은 내 일생을 두고 잊히지 못할 사실이외다. 여하튼

씨는 나를 전 생명으로 사랑하였던 것은 확실한 사실일 것입니다.

11년간 부부 생활

경성에서 3년간, 안동현安東縣에서 6년간, 동래에서 1년간 구미에서 1년 반 동안 부부 생활을 하는 동안 딸 하나, 아들 셋, 소생 4남매를 얻게 되었습니다. 변호사로 외교관으로 유람객으로 아들 공부로 부父로, 화가로 처로 모로 며느리로 이 생활에서 저 생활로 저 생활에서 이 생활로 껑충껑충 뛰는 생활을 하게 되었습니다. 경제상 유여하였고 하고자 하는 바를 다 해 왔고 노력한 바가 다 성취되었습니다. 이만하면 행복스러운 생활이라고 할 만하였습니다. 씨의 성격은 어디까지든지 이지를 떠난 감정적이어서 한 치의 앞길을 예상치 못하였습니다. 나는 좀 더 사회인으로 주부로 사람답게 잘 살고 싶었습니다. 그리함에는 경제도 필요하고 시간도 필요하고 노력도 필요하고 근면도 필요하였습니다. 불민한 점이 적지 않았으나, 동기는 사람답게 잘 살자는 건방진 이상이 뿌리가 빠지지 않는 까닭이었습니다. 부부간 충돌이 생긴 뒤는 반드시 아이가 하나씩 생겼습니다.

주부로서 화가 생활

내가 출품한 작품이 특선이 되고 입상이 될 때 씨는 나와 똑같이 기뻐해 주었습니다. 모든 사람은 나에게 남편 잘 둔 덕이라고 칭송이 자자하였습니다. 나는 만족하였고 기뻤나이다.

주위 사람 및 남편의 이해도 필요하거니와 이해하도록 하는 것이 필요하외다. 모든 것에 출발점은 다 자아에게 있는 것이외다. 한 집 살림살이를 민첩하게 해 놓고 남은 시간을 이용하는 것을 반대할 사람은 없을 것이외다. 나는 결코 가사를 범연히 하고 그림을 그려 온 일은 없었습니다. 내 몸에 비단옷을 입어 본 일이 없었고, 1분이라도 놀아 본 일이 없었습니다. 그러므로 내게 제일 귀중한 것이 돈과 시간이었습니다. 지금 생각건대 내게서 가정의 행복을 가져간 자는 내 예술이 아닌가 싶습니다. 그러나 이 예술이 없고는 감정을 행복하게 해 줄 아무것이 없었던 까닭입니다.

구미 만유

구미 만유를 향하게 해 준 후원자 중에는 씨의 성공을 비는 것은 물론이오, 나의 성공을 비는 자도 있었습니다. 그리하여 우리의 구미 만유는 의외에 쉬운 일이었습니다. 사람은 하나를 더 보면 더 본 만치 자기 생활이 신장해지는 것이오, 풍부해지는 것이외다. 만유한 후에 씨는 정치관이 생기고 나는 인생관이 다소 정돈이 되었나이다.

하나, 사람은 어떻게 살아야 좋을까. 동양 사람이 서양을 동경하고 서양인의 생활을 부러워하는 반면에, 서양을 가 보면 그들은 동양을 동경하고 동양 사람의 생활을 부러워합니다. 그러면 누구든지 자기 생활에 만족하는 자는 없사외다. 오직 그 마음 하나 먹기에 달린 것뿐이외다. 돈을 많이 벌고 지식을 많이 쌓고 사업을 많이 하는 중에 요령을 획득하여 그 마음에 만족을 느끼게 되는 것이외다. 즉 사람과 사물 사이에 신神의 왕래를 볼 때만 만족을 느끼게 되는 것이외다.

둘, 부부간에 어떻게 하면 화합하게 살 수 있을까. 하나의 개성과 다른 개성이 합한 이상 자기만 고집할 수 없는 것이외다. 다만 극기克己를 잊지 않는 것이 요점입니다. 그리고 부부 생활에는 세 시기가 있는 것 같습니다. 제1 연애 시기의 때에는 상대자의 결점이 보일 여가 없이 장점만 보입니다. 다 선화善化 미화할 따름입니다. 제2 권태 시기. 결혼하여 3, 4년이 되도록 자녀가 생겨 권태를 잊게 아니한다면 권태증이 심하여집니다. 상대자의 결점이 눈에 띄고 싫증이 나기 시작됩니다. 통계를 보면 이때 이혼 수가 가장 많습니다. 제3 이해 시기. 이미 부나 처가 피차에 결점을 알고 장점도 아는 동안 정의가 깊어지고 새로운 사랑이 생겨 그 결점을 눈감아 내리고 그 장점을 조장하고 싶을 것이외다. 부부 사이가 이쯤 되면 무슨 장애물이 있든지 떠날 수 없게 될 것이외다. 이에 비로소 미와 선이 나타나는 것이요, 부부 생활의 의의가 있을 것입니다.

셋, 구미 여자의 지위는 어떠한가. 구미의 일반 정신은 큰 것보다 작은 것을 존중히 여깁니다. 강한 것보다 약한 것을 아껴 줍니다. 어느 회합에든지 여자 없이는 중심점이 없고 기분이 조화되지 못합니다. 하나의 사회에 주인공이요, 하나의 가정에 여왕이요, 하나의 개인의 주체이외다. 그것은 소위 크고 강한 남자가 옹호해서만이 아니라 여자 자체가 그만치 위대한 매력을 가짐이요, 신비성을 가진 것입니다. 그러므로 새삼스러이 평등, 자유를 요구할 것이 아니라 본래 평등, 자유가 구존해 있는 것이외다. 우리 동양 여자는 그것을 오직 자각하지 못한 것뿐이외다. 우리 여성의 힘은 위대한 것이외다. 문명해지면 해질수록 그 문명을 지배할 자는 오직 우리 여성들이외다.

넷, 그 외의 요점은 무엇인가 데생이다. 그 데생은 윤곽뿐의 의미가 아니라 컬러, 즉 색채 하모니, 즉 조자調子를 겸용한 것이외다. 그러므로 데생이 확실하게 한 모델을 능히 그릴 수 있는 것이

급기 일생의 일이 되고 맙니다. 무식하나마 이상 네 개 문제를 다소 해결하게 되었습니다. 그러므로 나의 생활 목록이 지금부터 전개되는 듯싶었고 출발점이 이로부터 되리라고 생각하였습니다. 따라서 이상도 크고 구체적 고안도 있었습니다. 하여간 전도를 무한히 낙관하였으나 과연 어떠한 결과를 맺게 되었는지 스스로 부끄러워 마지않는 바외다.

시어머니와 시누이의 대립적 생활

결혼 후 1년간 시어머니와 동거하였습니다. 그러다가 시어머니는 철없이 살아가는 젊은 내외의 장래를 보장하기 위하여 고향인 동래로 내려가서 집을 장만하고 매달 보내는 돈을 절약하여 땅마지기를 장만하고 계셨습니다. 그의 오직 소원은 아들 며느리가 늙어 고향에 돌아와 친척들을 울을 삼고 사는 것이오. 자기가 전전푼푼이 모은 재산을 아버지 없이 길러 온 아들에게 유산하는 것이외다. 그리하여 이 재산이란 것은 3인이 합동하여 모은 것이외다. (얼마 되지 않으나) 한 사람은 벌고, 한 사람은 절약하여 보내고, 한 사람은 모아서 산 것이외다. 그리하여 두 집 살림이 물샐틈없이 짜이고 재미스러웠사외다. 이렇게 화락한 가정에 파란을 일으키는 일이 생겼사외다.

우리가 구미 만유하고 돌아온 지 한 달 만에 셋째 시삼촌이 타지방에서 농사짓던 것을 집어치우고 일 푼 준비 없이 장조카 되는 큰댁, 즉 우리를 믿고 고향을 찾아 돌아온 것이외다. 어안이 벙벙한 지 며칠이 못 되어 둘째 시삼촌이 또 다섯 식구를 데리고 왔습니다. 귀가 후 취직도 아니 된 때라 돕지도 못하고 보자니 딱하고 실로 난처한 처지이었사외다. 할 수 없이 삼촌 두 분은 1년간 아랫방에 모시고 사촌들은 다 각각 취직하게 하였습니다. 이러고 보니 근친 간 자연 적은 말이 늘어나고 없는 말이 생기기 시작하게 되었고, 큰 사건은 조석朝夕이 없는 사촌 아들을 아무 예산 없이 고등학교 입학을 시키고 그 학자學資는 우리가 맡게 된 것이외다.

만유 후에 감상담 들으러 경향京鄕 각처로부터 오는 지인 친구를 대접하기에도 넉넉지 못하였사외다. 없는 것을 있는 체하고 지내는 것은 허영이나, 출세 방침상 피치 못할 사교였사외다. 이것을 이해해 줄 그들이 아니었사외다. 나는 부득이 남편이 취직할 동안 1년간만 정학停學하여 달라고 요구하였사외다. 삼촌은 노발대발하였사외다. 이러자니 돈이 없고 저러자니 인심 잃고, 실로 어쩔 길이 없었나이다.

때에 씨는 외무성에서 총독부 사무관으로 가라는 것을 싫다 하고, (관리하라는) 전보를 두 번이나 거절하고 고집을 부려 변호사 개업을 시작하고, 경성 어느 여관의 객이 되어서 예쁜 기생, 돈 많은 갈보들의 유혹을 받으면서, 내가 모 씨에게 보낸 편지가 구실이 되어 이 요릿집, 저 친구에게 이혼 의사를 공개하며 다니던 때였습니다. 동기에 아무 죄 없는 나는 방금 서울에 이혼설이 공개된 줄도 모르고 씨의 분을 더 돋우었으니 "한 치 앞길을 헤아리지 못하는 이 천치 바보야, 나중 일을 어찌하려고 학자를 떠맡았느냐" 하였사외다.

우리 집 살림살이에 간접으로 전권을 가진 자가 있으니, 즉 시누이외다. 모든 일에 시어머니에게 코치 노릇을 할 뿐 아니라, 심지어 서울서 온 손님과 해운대를 갔다 오면 내일은 반드시 시어머니가 없는 돈을 박박 긁어서라도 갔다 옵니다. 모두가 내 부덕의 소산이라 하겠으나 남보다 많이 배운 나로서 인정인들 남만 못하랴마는 우리의 이 역경에서 일어나기에는 아무 여유가 없었던 까닭이었사외다.

내가 구미 만유에서 돌아오는 길에 여러 친척 친구들에게 토산물을 다소 사 가지고 왔습니다. 그러나 시어머니와 시누이며 그 외 근친에게는 사 가지고 오지 아니하였습니다.

이는 내가 방심하였다는 것보다 그들에게 적당한 물건이 없었던 것이외다. 본국 와서 사 드리려고 한 것이 흐지부지한 것이외다. 프랑스에서 오는 짐 두 짝이 모두 포스터와 그림엽서와 레코드와 화구뿐인 것을 볼 때, 그들은 섭섭히 여기고 비웃은 것이외다. 실로 사는 세상은 같으나 마음 세상이 다르고 하니 괴로운 일이 많았습니다. 이로 인하여 시어머니와 시누이에게 감정이 말하지 않는 중에 간격이 생긴 것이외다.

씨의 동복 남매가 3남매이외다. 누이 둘이 있으니 하나는 천치요, 하나는 지금 말하는 시누이니 과도히 똑똑하여 빈틈없이 일 처리를 하는 여자외다. 청춘과부로 재가하였으나, 일점혈육 없이 어디서 낳아 온 딸 하나를 금지옥엽으로 양육할 뿐이요, 남은 정은 어머니와 오라비에 쏟으니 전전푼푼 모은 돈도 오라비를 위함이라 그리하여 될 수 있는 대로 오라비와 고향에서 가까이 살다가 여생을 마치려 함이었사외다. 어느 때 내가 "나는 동래가 싫어요. 암만해도 서울 가서 살아야겠어요" 하였사외다. 이상에 여러 가지를 모아 오라비댁은 어머니께 불효요, 친척에 불목不睦이요, 고향을 싫어하는 달뜬 사람이라고 결론이 된 것이외다. 이것이 어느 기회에 나타나 이혼설에 보조가 될 줄 하나님 외에 누가 알았으랴. 과연 좁은 여자 감정이란 무서운 것이요, 그것을 짐작하지 못하고 넘어가는 남자는 한없이 어리석은 것이외다.

한 가정에 주부가 둘이어서 시어머니는 내 살림이라 하고, 며느리는 따로 예산이 있고, 시누이가 간섭을 하고, 살림하는 마누라에 대해 없는 사실을 지어내고, 전후좌우에는 형제 친척이 와글와글하니, 다정치 못하고, 약지도 못하고, 돈도 없고, 방침도 없고, 나이도 어리고, 구습에 단련도 없는 일개 주부의 처지가 난처하였사외다. 사람은 외형은 다 같으나 그 내막이 얼마나 복잡하며 이성 외에 감정의 움직임이 얼마나 얼키설키 얽매였는가.

C와 관계

C(최린)의 명성은 일찍부터 들었으나 처음 대면하기는 파리였사외다. 그를 대접하려고 요리를 하고 있는 나에게 "안녕합쇼" 하는 첫 인사는 유심히도 힘이 있는 말이었사외다. 이래 부군은 독일로 가서 있고, C와 나는 불어를 모르는 관계상 통변을 두고 언제든지 3인이 동반하여 식당, 극장, 선유船遊, 시외 구경을 다니며 놀았사외다. 그리하여 과거의 일, 현재의 일, 장래의 일을 논하는 중에 공명되는 점이 많았고 서로 이해하게 되었사외다. 그는 이탈리아 구경을 하고 나보다 먼저 파리를 떠나 독일로 갔사외다. 그 외 쾰른에서 다시 만났사외다. 내가 그때 이런 말을 하였나이다.

"나는 공公을 사랑합니다. 그러나 내 남편과 이혼은 아니하렵니다."

그는 내 등을 뚝뚝 뚜드리며 "과연 당신의 할 말이오. 나는 그 말에 만족하오" 하였사외다. 나는 제네바에서 어느 고국 친구에게 "다른 남자나 여자와 좋아지내면 반면으로 자기 남편이나 아내와 더 잘 지낼 수 있지요" 하였습니다. 그는 공명하였습니다.

이와 같은 생각이 있는 것은 필경 자기가 자기를 속이고 마는 것인 줄은 모르나, 나는 결코 내 남편을 속이고 다른 남자 즉 C를 사랑하려고 하는 것은 아니었나이다. 오히려 남편에게 정이 두터워지리라고 믿었사외다. 구미 일반 남녀 부부 사이에 이러한 공연한 비밀이 있는 것을 보고, 또 이런 것이 당연한 일이요, 중심 되는 본부나 본처를 얻지 않는 범위 내에 행동은 죄도 아니요, 실수도 아니라, 가장 진보된 사람에게 마땅히 있어야만 할 감정이라고 생각합니다. 그러므로 이러한 사실을 판명할 때는 웃어 두는 것이 수요, 일부러 이름을 지을 필요가 없는 것이외다. 장발장이 생각납니다. 어린 조카들이 배고파서 못 견디는 것을 차마 볼 수 없어서 이웃집에 가 빵 한 조각 집은 것이 원인으로 전후 19년이나 감옥 출입을 하게 되었사외다. 그 동기는 얼마나 아름다웠던가. 도덕이 있고 법률이 있어 그의 양심을 속이지 아니하였는가. 원인과 결과가 따로따로 나지 아니한가. 이 도덕과 법률로 하여 원통한 죽음이 오죽 많으며 원한을 품은 자가 얼마나 있을까.

가운은 역경에

 소위 관리 생활할 때 다소 여유 있던 것은 고향에 집 짓고 땅 사고 구미 만유 시 2만여 원을 썼으며, 은사금恩賜金으로 2000원 받은 것이 변호사 개업 비용에 다 들어가고, 수입은 일 푼 없고, 불경기는 날로 심혹해졌습니다. 아무 방침 없어 내가 직업전선에 나서는 수밖에 없이 되었사외다. 그러나 운명의 마魔는 이 길까지 막고 있었습니다. 귀국 후 8개월 만에 심신 과로로 인하여 쇠약해졌습니다. 그리고 내 무대는 경성이외다. 경제상 관계로 서울에 살림을 차릴 수 없게 되었사외다. 또 어린것들을 떠나고 살림을 제치고 떠날 수 없사외다. 꼼짝 못하게 위기 절박한 가운데서 마음만 졸이고 있을 뿐이었나이다. 만일 이때 젖먹이 어린것만 업고 취직만 되어 생계를 할 수 있었다면 우리의 앞에 이러한 비극이 가로거치지를 아니할 것이외다.

 이 때 일이었사외다. 소위 편지 사건이외다. 나를 도와줄 사람은 C밖에 없을 뿐이었사외다. 그리하여 무엇을 하나 경영해 보려고 좀 내려오라고 한 것이외다. 그러고 다시 찾아 사귀기를 바란다고 한 것이외다. 그것이 중간 악한배들이 사실과 다르게 전달해 '내 평생을 당신에게 맡기오'가 되어 씨의 대노를 산 것이외다. 나의 말을 믿는 것보다 그들의 말을 믿을 만치 부부의 정의는 기울어졌고 씨의 마음은 변하기를 시작하였사외다.

조선에도 생존 경쟁이 심하고 약육강식이 심하여졌습니다. 게다가 남이 잘못되는 것을 잘되는 것보다 좋아하는 심사를 가진 사람들이라, 이미 씨의 입으로 이혼을 선전해 놓고 편지 사건이 있고 하여 일없이 남의 말로만 종사하는 악한배들은 그까짓 계집을 데리고 사느냐고 하고 천치 바보라 하여 치욕을 가하였다. 그중에는 유력한 코치자 그룹이 3, 4인 있어서 소위 사상가적 견지로 보아 나를 혼자 살도록 해 보고 싶은 호기심으로 이혼을 강권하고 후보자를 얻어 주고 전후 고안을 꾸며 주었나이다. 그들의 심사에는 일 가정의 파열, 어린이들의 전도를 동정하는 인정미보다 이혼 후에 나와 C의 관계가 어찌 되는가를 구경하고 싶었고, 억세고 줄기찬 한 계집년의 전도(前道)가 참혹이 되는 것을 연극 구경같이 하고 싶은 것이었사외다. 자기의 행복은 자기밖에 모르는 동시에 자기의 불행도 자기밖에 모르는 것이외다. 이 사람 저 사람에게 이혼의 의사를 물어보고 10년간 동거하던 옛날 애처의 결점을 드러내는 것도 보통 사람의 행위라 할 수 없거니와, 해라 해라 하는 추김에 놀아나 결심이 굳어져 가는 것도 보통 사람의 행위라 할 수 없는 것이외다.

여하간 씨의 일가가 비운에 처한 동시에 씨 일신의 역경이 절정에 달하였사외다. 사건이 있으나 돈 없어서 착수 못하고 여관에 있어 서너 달치 숙박료를 못 내니 조석으로 주인 대할 면목 없고, 사회 측에서는 이혼설로 비난이 자자하니 행세할 체면 없고, 성격상으로 판단력이 부족하니 사물에 주저되고, 씨의 양 뺨 뼈가 불쑥 나오도록 마르고 눈이 쑥 들어가도록 밤에 잠을 못 자고 번민하였사외다. 씨는 잠 아니 오는 밤에 곰곰이 생각하였사외다. 우선 질투에 받쳐 오르는 분함은 얼굴을 붉게 하였사외다. 그러고 자기가 자기를 생각하고 또 세상맛을 본 결과 돈 벌기처럼 어려운 것이 없는 줄 알았사외다. 안동현 시절에 남용하던 것이 후회 나고 아내가 그림 그리려고 화구 산 것이 아까워졌나이다. 사람의 마음은 마치 배 돛대를 바람을 끼어 달면 바람을 따라 달아나는 것같이 그 근본 생각을 다는 대로 모든 생각은 다 그 편으로 향하여 달아나는 것이외다. 씨가 그렇게 생각할수록 한시도 그 여자를 자기 아내 명의로 두고 싶지 않은 감정이 불과 같이 일어났사외다. 동시에 그는 자기 친구 한 명이 기생 서방으로 놀고 편히 먹는 것을 보았사외다. 이것도 자기 역경에서 다시 살리는 한 방책으로 생각했을 때 이혼설이 공개되니 여기저기 돈 있는 갈보들이 후보 되기를 청원하는 자가 많아 그중에서 하나를 취하였던 것이외다. 때는 아내에게 이혼 청구를 하고 만일 승낙

하지 않으면 간통죄로 고소를 하겠다고 위협을 하는 때였사외다. 아아, 남성은 평시 무사할 때는 여성이 바치는 애정을 충분히 향락하면서, 한번 법률이라든가 체면이란 형식적 속박을 받으면 어제까지의 방자하고 향락하던 자기 몸을 돌이켜 오늘의 군자가 되어 점잔을 빼는 비겁자요, 횡포자가 아닌가. 우리 여성은 모두 일어나 남성을 저주하고자 하노라.

이혼

나는 아이들을 데리고 동래 있을 때외다. 경성에 있는 씨가 도착한다는 전보가 왔습니다. 나는 대문 밖까지 마중 나갔사외다. 씨는 나를 보고 반목反目 불견不見으로 실쭉합니다. 그의 안색은 창백하였고 눈은 들어갔나이다. 나는 깜짝 놀랐사외다. 그러고 무슨 불상사가 있는 듯하여 가슴이 두근거렸나이다. 씨는 건넌방으로 가더니 나를 부릅니다.

"여보 이리 좀 오오."

나는 건너갔사외다. 아무 말 없이 그의 눈치만 보고 앉았사외다.

"여보 우리 이혼합시다."

"그게 무슨 소리요, 별안간에."

"당신이 C에게 편지하지 않았소."

"했소."

"'내 평생을 바치오' 하고 편지 안 했소?"

"그러지 아니했소."

"왜 거짓말을 해, 하여간 이혼해."

그는 부등부등 내 장 속에 넣었던 중요 문서 및 보험권을 꺼내서 각기 나눠 가지고 안방으로 가서 자기 어머니에게 맡깁니다.

"얘, 고모 어머니 오시래라. 삼촌 오시래라."

오래 지나지 않아 하나씩 둘씩 모여들었습니다.

"나는 이혼을 하겠소이다."

"얘, 그게 무슨 소리냐. 어린것들은 어쩌고."

어제 경성서 미리 온 편지를 보고 병석처럼 하고 누워 있던 시어머니는 만류하였사외다.

"어, 그 사람, 쓸데없는 소리."

형은 말하였사외다.

"형님 그게 무슨 소리요?"

"서방질하는 것하고 어찌 살아요."

일동은 잠잠하였다.

"이혼 못 하게 하면 나는 죽겠소."

이때 일동은 머리를 한데 모으고 소곤소곤하였소이다. 시누이가 주장이 되어 일이 결정되나이다.

"네 마음대로 하라. 어머니에게도 불효요, 친척에게도 불목이란다."

나는 좌중에 뛰어들었습니다.

"하고 싶으면 합시다. 이러니 저러니 여러 말할 것도 없고, 없는 허물을 잡아낼 것도 없소. 그러나 이 집은 내가 짓고, 그림 판 돈도 들었고, 돈 버는 데 혼자 벌었다고도 할 수 없으니, 전 재산을 반분半分합시다."

"이 재산은 내 재산이 아니다. 다 어머니 것이다."

"누구는 산송장인 줄 아오. 주기 싫단 말이지."

"죄 있는 계집이 무슨 뻔뻔으로."

"죄가 무슨 죄야, 만드니 죄지!"

"이것만 줄 것이니 팔아 가지고 가거라."

씨는 논문서 한 장 약 500원 가격 되는 것을 내어 준다.

"이따위 것을 가질 내가 아니다."

씨는 경성으로 간다고 일어선다. 그길로 누구의 집으로 가서 의논하고 갔사외다.

나는 밤에 잠을 이루지 못하고 곰곰 생각하였사외다.

"아니다, 아니다. 내가 사죄할 것이다. 그러고 내 동기가 악한 것이 아니었다는 것을 말하자. 일이 커져서는 재미없다. 어린것들의 전정前程을 보아 내가 굴하자."

나는 불현듯 경성향을 하였사외다. 여관으로 가서 그를 만나보았사외다.

"모든 것을 내가 잘못하였소. 동기만은 결코 악한 것이 아니었소."

"지금 와서 이게 무슨 소리야. 어서 도장이나 찍어."

"어린 자식들은 어찌하겠소."

"내가 잘 기르겠으니 걱정 말아."

"그러지 맙시다. 당신과 내 힘으로 못 살겠거든 우리 종교를 잘 믿어 종교의 힘으로 삽시다. 예수는 만인의 죄를 대신하여 십자가에 못 박히지 아니했소?"

"듣기 싫어."

나는 눈물이 났으나 속으로 웃었다. 세상을 그렇게 비뚜로 얽어맬 것이 무엇인가. 한번 남자답게 껄껄 웃어 두면 만사 무사히 되는 것 아닌가. 나는 씨가 요지부동할 것을 알았사외다. 나는 모씨에게로 달려갔사외다.

"오빠, 이혼을 하자니 어쩔까요."

"하지. 네가 고생을 아직 모르니까 고생을 좀 해 보아야지."

"저는 자식들 전정을 보아 못 하겠어요."

"엘렌 케이 말에도 불화한 부부 사이에 기르는 자식보다 이혼하고 새 가정에서 기르는 자식이 양호하다지 아니했는가."

"그것은 이론에 지나지 못해요. 모성애는 존귀하고 위대한 것이니까요. 모성애를 잃는 어미도 불행하거니와 모성애로 길러지지 못하는 자식도 불행하외다. 이것을 아는 이상 나는 이혼은 못 하겠어요. 오빠 중재를 시켜 주세요."

"그러면 지금부터 절대로 현모양처가 되겠는가."

"지금까지 내 스스로 현모양처 아니 된 일이 없으나, 씨가 요구하는 대로 하지요."

"그러면 내 중재해 보지."

모씨는 전화기를 들어 사장과 영업 국장에게 전화를 걸었사외다. 중재를 시키자는 말이었사외다. 전화 답이 왔사외다. 타협될 희망이 없으니 단념하라 하나이다. 모씨는 "하지 해. 그만치 요구하는 것을 안 들을 필요가 무엇 있나."

씨는 소설가이니만치 인생 내면에 고통보다 사건 진행에 호기심을 가진 것이었사외다. 나는 여기서도 만족을 얻지 못하고 돌아왔나이다. 그날 밤 여관에서 잠이 아니 와서 엎치락뒤치락할 때 사랑에서는 기생을 불러다가 흥이냐 흥이냐 놀며 때때로 껄껄 웃는 소리가 스며들어 왔나이다. 이 어이한 모순이냐. 상대자의 불품행을 논할진대 자기 자신이 청백할 것이 당연할 일이거든 남자라는 명목하에 이성과 놀고자도 관계없다는 당당한 권리를 가졌으니, 사회제도도 제도려니와 몰상식한 태도에는 웃음이 나왔나이다. 마치 어린 애들 장난 모양으로 너 그러니 나도 이러겠다는 행동에 지나지 아니했사외다. 인생 생활의 내막의 복잡한 것을 일찍이 직접 경험도 못 하고 능히 상상도 못 하는 씨의 일이라 오래 지나지 않아 후회할 것을 짐작하나, 이미 기생 애인에 열중하고 지난 일을 구실 삼아 이혼 주장을 고집 불통하는 데야 씨의 마음을 돌이키게 할 아무 방침이 없었사외다.

나는 부득이 동래를 향하여 떠났사외다. 봉천奉天으로 달아날까 일본으로 달아날까, 요 고비만 넘기면 무사하리라고 확신하는 바였사외다. 그러나 불행히 내 수중에는 그만한 여비가 없던 것이외다. 고통에 못 견뎌서 대구에서 내렸사외다. Y씨 집을 찾아가니 반가워하며 연극장으로 요릿집으로, 술도 먹고 담배도 피워 그 부인과 3인이 날을 새웠사외다. 씨는 사위 얻을 걱정을 하며 인재를 구해 달라고 합니다. 나만 아는 내 고통은 쉴 새 없이 내 마음속에 돌고 돌고 빙빙 돌고 있나이다. 할 수 없이 동래로 내려갔사외다. 씨에게서는 여전히 이틀에 한 번씩 독촉장이 왔사외다.

경성에서.
정월

"이혼장에 도장을 치오. 15일 내로 아니 치면 고소하겠소."

내 답장은 이러하였사외다.

"남남끼리 합하는 것도 당연한 이치요, 떠나는 것도 당연한 이치나, 우리는 서로 떠나지 못할 조건이 네 가지가 있소. 첫째 팔십 노모가 계시니 불효요. 둘째는 자식 4남매요. 학령學齡 아동인 만치 보호해야 할 것이오. 셋째는 한 가정은 부부의 공동생활인 만치 분리되는 동시 마땅히 한 가정이 두 가정 되는 생계가 있어야 할 것이오. 이것을 마련해 주는 것이 사람으로서의 의무가 아닐까 하오. 넷째는 우리 연령이 경험으로 보든지 시기로 보든지 순정, 즉 사랑으로만 산다는 것보다 이해와 의로 살아야 할 것이오. 내가 이미 사과하였고 내 동기가 전혀 악으로 된 것 아니오. 또 씨의 요구대로 현처양모가 되리라고 하였사외다."

씨의 답장은 이러하였사외다.

"나는 과거와 장래를 생각하는 사람이 아니오. 현재로만 살아갈 뿐이오. 정말 자식을 못 잊겠다면 이혼 후 자식들과 동거해도 좋고, 전과 똑같이 지내도 무관하오."

나를 꾀는 말인지, 이혼의 시말始末이 어찌 되는지, 역시 몰상식한 말이었사외다. 해 달라 아니 해 주겠다, 하는 동안이 거의 한 달이 되었나이다. 하루는 정학시켜 달라고 한 삼촌이 노심을 품고 앞장을 서고 시숙들 시누이들이 모여 내게 육박하였사외다.

"잘못했다는 표로 도장을 찍어라. 그 뒤 일은 우리가 다 무사히 만들 것이니."

"혼인할 때도 두 사람이 한 일이니까. 이혼도 두 사람이 할 터이니 걱정을 마시고 가시오."

나는 밤에 한잠 못 자고 생각하였사외다.

일은 이미 틀렸다. 계집이 생겼고, 친척이 동의하고 한 일을 혼자 아니하려 해도 쓸데없는 일이다. 나는 문득 이러한 방침을 생각하고 서약서 두 장을 썼습니다.

서약서

부夫 ○○○과 처妻 ○○○은 만 2개년 동안 재가 또는 재취하지 않기로 하되 피차에 행동을 보아 복구할 수 있기로 서약함

부 ○○○ (인)

처 ○○○ (인)

중재를 시키려 상경하였던 시숙이 도장을 찍어 가지고 내려왔나이다. 그는 이렇게 말하였나이다.

"여보, 아주머니, 찍어 줍시다. 그까짓 종이가 말을 하오? 자식

이 4남매나 있으니 이 집에 대한 권리야 어디 가겠소. 그리고 형님도 말뿐이지 설마 수속을 하겠소."

옆에 앉은 시어머니도

"그렇다 뿐이겠니, 그러다가 병날까 봐 큰 걱정이다. 찍어 주고 저는 계집 얻어 살거나 말거나, 너는 나하고 어린것들 데리고 살자 그려."

나는 속으로 웃었다. 그러고 아니꼽고 속상했다. 얼른 도장을 꺼내다가 주고

"우물쭈물할 것 무엇 있소. 열 번이라도 찍어 주구려."

과연 종이 한 장이 사람의 심사를 어떻게 움직이게 하는지 예측하지 못한 일이 하나씩 둘씩 생기고, 때에 따라 변하는 모습을 울음으로 볼까 웃음으로 볼까, 절대 무저항주의의 태도를 가지고 묵언 중에 타임^{time}이 운반하는 감정과 사물을 꾹꾹 참고 하나씩 겪어 제칠 뿐이었나이다.

『삼천리』, 1934. 8

이혼 고백서(속)
—청구 씨에게

이혼 후

H에게서 편지가 왔나이다.

"K에게서 전화가 왔는데, 이혼 수속을 마쳤다고 사방으로 통지하는 모양입디다. 참 우스운 사람이오. 언니는 그런 사람과 이혼 잘했소. 딱 일어서서 탁탁 털고 나오시오."

그러나 네 아이를 위하여 내 몸 하나를 희생하자, 나는 꼼짝 말고 있을련다. 이래 두 달 동안 있었나이다.

공기는 일변하였나이다. 서울서 씨가 종종 내려오나 나 있는 집에 들르지 아니하고 누이 집에 들려 어머니와 아이들을 청해다가 보고, 시어머니는 눈을 흘기고 시누이는 추기고 시숙들은 우물쭈물 부르고, 시어머니는 전권이 되고 만다. 동리洞里 사람들은 "왜 아니 가누, 언제 가누" 구경 삼아 말한다. 아이들은 할머니가 과자 사탕을 사 주어 가며 내 방에서 데려다 잔다. 이와 같이 전쟁 후 승리자나 패배자 사이 같이 나는 마치 포로와 같이 되었나이다. 나는 문득 이렇게 생각했다.

"네 어린것들을 살릴까, 내가 살아야 할까."

이 생각으로 3일 밤을 철야하였사외다.

오냐, 내가 있는 후에 만물이 생겼다. 자식이 생겼다. 아이들아, 너희들은 일찍부터 역경을 겪어라. 너희는 무엇보다 사람 자체가 될 것이다. 사는 것은 학문이나 지식으로 사는 것이 아니다. 사람이라야 사는 것이다. 장 자크 루소의 말에도 "나는 학자나 군인을 양성하는 것보다 먼저 사람을 기르노라" 하였다. 내가 출가하는 날은 일곱 사람이 역경에서 헤매는 날이다. 그러나 일어나 내 개성을 위하여 일반 여성의 승리를 위하여, 짐을 부둥부둥 싸 가지고 출가 길을 차렸나이다.

북행 차를 탔다. 어디로 갈까. 집도 없고, 아버지도 없고, 형제도 없고, 자식도 없고, 친구도 없는 이 홀로된 몸 어디로 갈까.

어디로 갈까. 경성에서 혼자 살림하고 있는 오라비 댁으로 갔나이다. 마침 제사 때라 봉천에서 남형男兄이 돌아왔나이다. 이미 장찰로 사건의 시종始終을 말했거니와, 이번 사건에 일절 자기는 나서지를 아니하고 자기 아내를 내어보내어 타협 교섭한 일도 있었나이다.

"하여간 당분간은 봉천으로 가서 있게 하자."

"C를 한번 만나 보고 결정해야겠소."

"만나 보긴 뭘 만나 봐."

"일이 이만치 되고 K와 절연이 된 이상 C와 연을 맺는 것이 당연한 일이 아니겠소."

"별말 말아라. K가 지금 체면상 어쩌지를 못하여 그리하는 것이니까. 봉천 가서 있으면 저도 생각이 있겠지."

이때 두어 친구는 절대로 서울 떠나는 것을 반대하였나이다. 그는 서울 안에 돈 있는 독신 여자가 많아 K를 유혹하고 있다는 것이었사외다. 형은 이렇게 말하였다.

"다른 여자를 얻는다면 K의 인격은 다 알 수가 있는 것이다. 다 운명에 맡기고 가자, 가."

봉천으로 갔나이다. 나는 진정할 수 없었나이다. 물론 그림은 그릴 수 없었고, 그대로 소일할 수도 없었나이다. 나는 내 과거 생활을 알기 위하여 초고해 두었던 원고를 정리하였사외다. 그중에 모성에 대한 글, 부부 생활에 대한 글, 애인을 추억하는 글, 자살에 대한 글…… 지금 당할 모든 것을 예언한 것 같이 되었나이다. 그리하여 전에 생각하였던 바를 미루어 마음을 수습할 수 있었던 것이외다. 한 달이 못 되어 밀고 편지가 왔나이다.

"K는 여편네를 얻었소. 아이도 데려간다 하오."

아직도 '설마 수속까지 하였으랴, 사회 체면만 면하면 화해가 되겠지' 하고 믿고 있던 나는 깜짝 놀랐사외다. 형이 들어왔소이다.

"너 왜 밥도 안 먹고 그러니."

"이것 좀 보오." 편지를 보였다. 형은 비웃었다.

"제가 잘못 생각이지. 위인爲人은 다 알았다. 그까짓 것 단념해 버리고 그림하고나 살아라. 걸작이 나올지 아니?"

"나는 가 보아야겠소."

"어디로?"

"서울로 해서 동래까지."

"다 끝난 일을 가 보면 뭘 해. 비웃음 받을 뿐이지."

"그러니 사람이 되고서 그럴 수가 있소. 생활비 한 푼 아니 주고 이혼이 뭐요."

"2개년간 별거생활 하자는 서약은 어찌된 모양이야?"

"그것도 제 맘대로 취소한 것이지."

"그놈 미쳤군, 미쳤어."

"나는 가서 생활비 청구를 하겠소. 아니 내가 번 것을 찾겠소."

"그러면 가 보되 진중히 일을 해야 네 비웃음을 면한다."

나는 부산행 기차를 탔습니다. 경성역에 내리니 전보를 받은 T가 나왔습니다. T의 집으로 들어가 우선 씨의 여관 주인을 청했습니다. 나는 씨의 행동이 씨 혼자의 행동이 아니라, 여관 주인을 위시爲始하여 주위에 있는 친구들의 충동인 것을 안 까닭이었나이다.

"여보셔요."

"예."

"친구의 가정이 불행한 것을 좋아하십니까, 행복된 것을 좋아하십니까."

"네, 물으시는 뜻을 알겠습니다. 너무 오해하지 마십쇼. 나는 전혀 몰랐더니 하루는 짐을 가지고 나갑디다."

"나도 그 여자 잘 아오. 며칠 살겠소."

T는 말한다.

나는 두어 친구를 동반하여 북미창정(북창동의 일제강점기 때 이름) 씨의 살림집을 향하여 갔습니다. 나는 밖에 서 있으려니까 씨가 우쭐우쭐 오더니 그 집으로 들어가지 아니하고 내 앞을 지나 갑니다.

"여보, 찻집에 들어가 이야기 좀 합시다."

두 사람은 찻집으로 들어갔습니다.

"나 살 도리를 차려 주어야 아니하겠소."

"내가 아나.C더러 살려 달래지."

"남의 걱정은 말고 자기 할 일이나 하소."

"나는 몰라."

나는 그 길로 부청府廳으로 가서 복적 수속을 물어 가지고 용지를 가지고 사무실로 갔나이다.

"여보, 복적해 주오."

"이게 무슨 소리야."

"지난 일은 다 잊어버리고 갱생하여 삽시다. 당신도 파멸이요, 나도 파멸이오. 두 사람에게 속한 다른 생명까지 파멸이오."

"왜 그래."

"차차 살아 보오. 당신 고통이 내 고통보다 심하리다."

"누가 그런 걱정하래."

훌쩍 나가 버린다.

그 이튿날이외다. 나는 씨를 찾아 사무실로 갔사외다. 씨는 마침 점심을 먹으러 자택으로 향하는 길이었나이다.

"찻집에 들어가 나하고 이야기 좀 합시다."

씨는 아무 말 없이 달음질을 하여 그 집 문으로 쑥 들어섰나이다.

나도 부지불각 중 들어섰나이다. 뒤를 따라 방 안으로 들어섰나이다. 여편네는 세간 걸레질을 치다가, "누구요" 한다.

세 사람은 마주 쳐다보고 앉았다.

"영감을 많이 위해 준다니 고맙소. 오늘 내가 여기까지 오려던 것이 아니라, 찻집으로 들어가 이야기 하겠더니 그냥 오기에 쫓아온 것이오."

"길에서 많이 뵌 것 같은데요."

"그런지도 모르지요."

"내가 오늘 온 것은 이같이 속히 끝날 줄은 몰랐소. 이왕 이렇게 된 이상 나도 살 도리를 차려 줘야 할 것 아니오. 그렇지 않으면 나도 이 집에서 살겠소. 인사 차리지 못하는 사람에게 인사를 차리겠소?"

씨는 아무 말 없이 나가 버렸나이다. 나와 여편네와 담화가 시작되었나이다.

"대체 어떻게 된 일이오."

"그야 내게 물을 것 무엇 있소. 알뜰한 남편에게 다 들었겠소."

"그래, 그림 그리는 재주가 있으니까 살기야 걱정 없겠지요."

"지팡이 없이 일어서는 장수가 있답니까."

"나도 팔자가 사나워서 두 계집 노릇도 해 보았소마는 어린것들이 있어 오죽 마음이 상하리까. 어린것들을 보고 싶을 때는 어느 때든지 보러 오시지요."

"그야 내 마음대로 할 것이오."

"저 남산 꼭대기 소나무가 얼마나 고상해 보이겠소마는, 그 꼭대기에 올라가 보면 마찬가지로 먼지도 있고 흙도 있을 것이오."

"그 말씀은 내가 남의 첩으로 있다가 본처로 되어도 일반이겠다는 말씀이지요."

"그것은 마음대로 해석하구려."

씨가 다시 들어왔나이다. 세 사람은 다시 주거니 받거니 이야기가 시작되었나이다.

이때 어느 친구가 들어왔나이다. 그는 이번 사건에 화해시키려고 애를 쓴 사람이었나이다.

"무엇들을 그러시오."

"둘이 번 재산을 나눠 갖자는 말이외다."

"그 문제는 내게 일임하고 R 선생은 나와 같이 나갑시다. 가시

지오."

 나는 더 있어야 별수 없을 듯하여 핑계 삼아 일어섰나이다. 씨와 저녁을 먹으며 여러 이야기를 하였나이다.

 나는 그 이튿날 동래로 내려갔사외다. 나는 기회를 타서 네 아이를 끼고 바다에 몸을 던질 결심이었나이다. 내 태도가 이상하였는지 시어머니와 시누이는 눈치를 채고 아이들을 끼고 둡니다. 기회를 타려 해도 탈 수가 없었나이다. 또다시 짐을 정돈하기 위하여 잠가 두었던 장문을 열었나이다. 반이 쑥 들어간 것을 볼 때 깜짝 놀랐나이다.

 "이 장문을 누가 곁쇠질을 했어요?"

 "나는 모른다. 저번에 아범이 와서 열어 보더라."

 "그래, 여기 있던 물건을 다 어쨌어요."

 "안방에 갖다 두었다."

 "그것은 다 이리 내놓으시오."

 여편네들 혀끝에 놀아, 잠근 장을 곁쇠질하여 중요 물품을 꺼낸 씨의 심사를 밉다고 할까, 분하다고 할까. 나는 마음을 눅여서 생각하였나이다. 역시 몰상식하고 몰인정한 태도외다. 그만치 그가 쓸데없이 약아지고 그만치 그가 경제상 핍박을 당한 것을 불쌍히 생각하였나이다. 다시 최후의 출가를 결심하고 경성으로 향하였나이다. 황망한 사막에 서 있는 외로운 몸이었나이다.

어디로 향할까

모성애를 고수해 보려고 갖은 애를 썼나이다. 이 점으로 보아 양심에 부끄러울 아무것도 없었나이다.

나는 죽을 수밖에 없는 사람이 되고 말았나이다. 죽는 일은 쉽사외다. 한번 결심만 하면 뒤는 극락이외다. 그러고 내 사명이 무엇이 있는 것 같사외다. 없는 길을 찾는 것이 내 힘이요, 없는 희망을 만드는 것이 내 힘이었나이다.

역경에 처한 자의 요령은 노력이외다. 근면이외다. 번민만 하고 있는 동안 타임은 가고 그 타임은 절망과 파멸밖에 갖다 주는 것이 없나이다. 나는 우선 제전帝展에 입선될 희망을 만들었나이다. 그림을 팔고 있는 것을 전당典當하여 금강산행을 하였나이다. 구만물상 만상정에서 한 달간 지내는 동안 대·소품 20개를 얻었나이다. 여기서 우연히 아베 미쓰이에 씨와 박희도 씨를 만났사외다.

"아, 이게 웬일이오." 박희도 씨는 나를 보고 놀랐사외다.

"선생, 여기에 R 씨가 있군요.先生此處にRさんが居りますよ."

아베 씨는 우리 방 문지방에 걸터앉으며 유심히 내 얼굴을 쳐다 보았나이다.

"혼자이십 니까?御一人で?"

"혼자 몸이 홀로 있는 게 당연하지 않나요.一人ものが一人で居るのがあたりまへじやありませんか."

"갑시다.行きましう."

씨는 강한 어조로 동정에 넘치는 말이었사외다.

"내일까지 완성될 그림이 있으니 내일 저녁 때 내려가지요.明日迄出來あがる繪がありますから明日の夕方下りで行きませう."

"그럼 호텔에서 기다리지요.ては、ホテルで待つて居ります."

"아무쪼록.何卒."

씨는 한 발을 질질 끌며 의자에 앉았사외다, 타고 다니는 의자에.

"인간도 이쯤 되면 끝장이지.人間もころつちやしまいですね."

"선생도 별말씀을.先生どう致しまして."

그 이튿날 호텔에서 만나도록 이야기하고 금번 압록강 상류 일주 일행 중에 참가되도록 이야기가 진행되었나이다. 그 이튿날 두 분은 주을온천으로 가시고, 나는 고성 해금강으로 갔나이다. 고성 군수 부인이 도쿄 유학 시 친구였던 관계상 그의 사택에 가서 성찬으로 잘 놀고, 해금강에서 역시 아는 친구를 만나 날전

복을 많이 얻어먹었나이다.

　북청으로 가서 일행을 만나 혜산진으로 향하였나이다. 후기령 경색은 마치 일폭의 남화南畫였나이다. 일행 중 아베 씨, 박영철 씨 두 분이 계셔서 처처에 환영이며 연회는 성대하였나이다. 신갈포로 압록강 상류를 일주하는 광경은 형언할 수 없이 좋았나이다. 일행은 신의주를 거쳐 경성으로 향하고, 나는 봉천으로 향하였나이다. 거기서 그림 전람회를 하고 다롄까지 갔다 왔나이다. 그 길로 도쿄행을 차렸나이다. 대구서 아베 씨를 만나 경주 구경을 하고, 진영으로 가서 박간농장을 구경하고 자동차로 통도사, 범어사를 지나 동래를 거쳐 부산에 도착하여 연락선을 탔나이다. 도쿄역에는 C가 출영하였나이다. 그는 의외에 내가 오는 것을 보고 놀랐사외다.

　파리에서 그린, 내게는 걸작이라고 할 만한 <정원>을 제전에 출품하였나이다. 하룻밤은 입선이 되리라 하여 기뻐서 잠을 못 자고, 하룻밤은 낙선이 되리라 하여 걱정이 되어서 잠을 못 잤나이다. 1224점 중 200점 선출에 입선이 되었나이다. 너무 기쁨에 넘쳐 전신이 떨렸사외다. 신문 사진반은 밤중에 문을 두드리고 라디오로 방송이 되고 한 뉴스가 되어 도쿄 일대를 뒤떠들었사외다. 이로 인하여 나는 면목이 섰고 내 일신의 생계가 생겼나이다. 사람은 남자나 여자나 다 힘을 가지고 납니다. 그 힘을 사람은 어느 시기에 가서 자각합니다.

아무라도 한 번이나 두 번은 다 자기 힘을 의식하였나이다. 그때에 나는 퍽 행복스러웠사외다. 아, 아베 씨는 내가 갱생하는 데 은인이외다. 정신상으로나 물질상 얼마나 힘을 써 주었는지 그 은혜를 잊을 길이 없사외다.

모성애

몇백만 명 여성이 몇천 년 전 옛날부터 자식을 낳아 길렀다. 이와 동시에 본능적으로 맹목적으로 육체와 영혼을 무조건으로 자식을 위하여 바쳐왔나이다. 이는 여성으로서 날 때부터 가지고 나온 한 도덕이었고 한 의무였고 이보다 이상 되는 천직이 없었나이다. 그러므로 연인의 사랑, 친구의 사랑은 상대적이요 보수적이나, 어머니가 자식을 사랑하는 것만은 절대적이요 무보수적이요 희생적이외다. 그리하여 최고 존귀한 것은 모성애가 되고 말았사외다. 많은 여성은 자기가 가진 이 모성애로 인하여 얼마나 만족을 느꼈으며 행복스러웠는지 모릅니다. 그러나 때로는 이 모성애에 얽매여 하고 싶은 것을 하지 못하고 비참한 운명 속에서 울고 있는 여성도 적지 않소이다. 그러면 이 모성애는 여성에게 최고 행복인 동시에 최고 불행한 것이 되고 말았습니다. 여자가 자기 개성을 잊고 살 때 모든 생활 보장을 남자에게 받을 때 무한히 편하였고 행복스러웠나이다마는, 여자도 인권을 주장하고 개성을 발휘하려고 하며 남자만 믿고 있지 못할 생활 전선에 나서게 된 오늘에는 무한한 고통이요, 불행을 느낄 때도 있는 것이외다.

나는 어느덧 네 아이의 어머니가 되고 말았사외다. 그러나 내가 애를 쓰고 애를 배고 애를 낳고 애를 젖 먹여 기르는 것은 큰 사실이외다. 내가 <모 된 감상기> 중에 "자식의 의미는 단수單數에 있는 것이 아니라 복수複數에 있다"고 하였사외다. 과연 하나 기르고 둘 기르는 동안 지금까지의 애인에게서나 친구에게서 맛보지 못하는 애정을 느끼게 되었나이다. 구미 만유하고 온 후로는 자식에 대한 이상이 서 있게 되었나이다. 아이들의 개성이 눈에 뜨이고 그들의 앞길을 지도할 자신이 생겼나이다. 그리하여 나는 그들을 길러 보려고 얼마나 애쓰고 굴복하고 사죄하고 화해를 요구하였는지 모릅니다. 그러나 모든 것이 무용지물이 되고 말았구려.

금욕 생활

깊은 밤에 눈이 뜨이면 허공의 구석으로부터 일진의 바람이 어디선지 모르게 불어 들어옵니다. 그때 고적孤寂이 가슴속에 퍼지는 것을 깨닫습니다. 지금까지 내가 느끼는 고적은 아픈 것은 있었으나 해될 것은 없었습니다. 지금 느끼는 고적은 독초 가시에 찔리는 자국의 아픔이라는 것을 깨달았습니다. 어디로부터 와서 어디로 가는지 모르는 가운데서 무엇을 하든지 그 뒤는 고적합니다.

나는 소위 정조를 고수한다는 것보다, 재혼하기까지는 중심을 잃지 말자는 것이외다. 즉 내 마음 하나를 잊지 말자는 것이외다. 나는 이미 중실中實을 잃은 사람이 되고 말았습니다. 이에 중심까지 잃는 날 내 전정前程은 파멸이외다. 오직 중심 하나를 붙잡기 위하여 절대 금욕 생활을 하여 왔사외다.

남녀를 물론하고 임신 시기에 있는 금욕 생활이 용이한 일이 아니외다. 나도 이때만은 태몽을 꾸면서 고통으로 지냈나이다.

나는 처녀와 같고 과부와 같은 심리를 가질 때가 종종 있나이다. 그러고 독신자에게는 이러한 경구가 있는 것을 잊어서는 아니 됩니다. "모든 사람에게 허락할까, 한 사람에게도 허락지 말까." 이성의 사랑은 무섭다. 사람의 열정이 무한히 올라가는 것이 아니라 온도계의 수은이 100도까지 올라갔다가 도로 저하하듯이 사랑의 초점을 100도라 치면 그 이상 올라가지 못하고 저하하는 것이외다. 그리하여 열정이 오를 때는 상대자의 행동이 미화

선화하나, 저하할 때는 여지없이 추화醜化 악화되는 것이외다. 나는 이것을 잘 압니다. 그리하여 사랑이 움 돋을 만하면 딱 분질러 버립니다. 나는 그 저하한 뒤 고적을 무서워함입니다. 싫어함입니다. 이번이야말로 다시 이런 상처를 받게 되는 날은 갈 곳 없이 사지로밖에 돌아갈 길이 없는 까닭입니다. 아 무서운 것!

적막한 것이 사람입니다. 그러므로 사람은 살아 있는 것을 무의미로 생각하기에는 너무 깊은 감각을 주는 것임을 알 수 있습니다. 어디 굴리든지 어떻게 하든지 거기까지 가는 사람은 은택 입은 사람입니다. 적막에서 돌아오는 그것이 우리의 희망일지 모릅니다.

아, 사람은 혼자 살기에는 너무 작습니다. 타임의 1일은 짧으나 그 타임의 계속한 1년이나 2년은 깁니다.

이혼 후 소감

나는 사람으로 태어난 것을 후회합니다. 나는 사람으로 태어나고 싶어 태어난 것이 아니라, 사람이 어떠한 것인지, 이 세상이 어떠한 곳인지 모르고 태어난 것 같사외다. 이 인생 됨이 더 추하고 비참한 것이오, 더 절망적으로 되었다 하더라도 나는 원망치 아니합니다. 지금 나는 죽어도 살아도 똑같다고 생각합니다.

죽음은 무서운 것이외다. 그럴 때마다 자기를 참으로 살렸는지 아니하였는지 봅니다. 나는 자기를 참으로 살릴 때는 죽음이 무섭지 않사외다. 다만 자기를 다 살리지 못하였을 때 죽음이 무섭습니다. 그런고로 죽음의 공포를 깨달을 때마다 자기의 부덕함을 통절히 느낍니다.

나는 자기를 천박하게 만들고 싶지 않은 동시에 타인을 원망하기 전에 자기를 반성하고 싶습니다. 자기 내심에 천박한 마음이 생기는 것을 알고 고치지 않고는 있지 못하는 사람은 인류의 보물이외다. 이러한 사람은 벌써 자기 마음속에 있는 잡초를 잊고 좋은 씨를 이르는 곳마다 펼쳐 사람 마음의 양식이 되는 자외다. 즉 공자나 석가나 예수와 같은 사람이외다. 태양은 만물을 뜨겁게 아니하려 해도 자연 덥게 만듭니다. 아무런 것이 오더라도 그것을 비추는 재료로 바뀌어 버립니다. 바다는 아무리 더러운 것이 뜨더라도 자체를 더럽히지 않습니다.

모든 사람의 경우와 처지를 생각해 보자, 그때 거기에서 자기를 찾습니다. 사랑을 깨닫습니다. 그러므로 자기가 요구하는 사람을, 먼저 자기를 만들 것입니다. 사람은 자기 내심의 자기도 모르는, 정말 자기를 가지고 있습니다. 보이지도 알지도 못하는 자기를 찾아내는 것이 사람 일생의 일거립니다. 즉 자아 발견이외다. 사람은 쓸데없는 격식과 세간의 체면과 반쯤 아는 학문의 속박을 많이 받습니다. 있으면 있을수록 더 가지고 싶은 것이 돈이외다. 높으면 높을수록 더 높아지고자 하는 것이 지위외다. 가지면 가진 만치 음기로 되는 것이 학문이외다. 사람의 행복은 부를 득한 때도 아니요, 이름을 얻은 때도 아니요, 어떤 일에 일념一念이 되었을 때외다. 일념이 된 순간에 사람은 전신을 깨끗이 씻은 듯한 행복을 깨닫습니다. 즉 예술적 기분을 깨닫는 때외다.

인생은 고통 그것일는지 모릅니다. 고통은 인생의 사실이외다. 인생의 운명은 고통이외다. 일생을 두고 고병苦病을 깊이 맛보는 데 있습니다. 그리하여 이 고통을 명확히 사람에게 알리는 데 있습니다. 범인凡人은 고통의 지배를 받고, 천재는 죽음을 가지고 고통을 이겨 내어 영광과 권위를 취해 낼 만한 살 방침을 차립니다.

이는 고통과 쾌락 이상 자기에게 사명이 있는 까닭이외다. 그리하여 최후는 고통 이상의 것을 만들고 맙니다.

번뇌 중에서도 일의 시초를 지어 잊는다.

내 갈 길은 내가 찾아 얻어야 한다.

사람은 누구든지 자기 운명이 어찌 될지 모릅니다. 속 마디를 지은 운명이 있습니다. 끊을 수 없는 운명의 철쇄외다. 그러나 너무 비참한 운명은 왕왕 약한 사람으로 하여금 반역하게 합니다. 나는 거의 재기할 기분이 없을 만치 때리고 욕하고 저주함을 받게 되었습니다. 그러나 나는 필경은 같은 운명의 줄에 얽혀 없어질지라도 필사의 쟁투에 끌리고 애태우고 괴로워하면서 재기하려 합니다.

조선 사회의 인심

우리가 구미 만유하기까지 그다지 심하지 아니하였다마는 갔다 와서 보니 전에 비하여 일반 레벨이 훨씬 높아진 것이 완연히 눈에 띄었습니다. 그리하여 유식 계급이 많아진 동시에 생존경쟁이 더욱 심하여졌습니다. 생활 전선에 선 2000만 민중은, 저축 없고 직업 없고 실력 없이 살길에 헤매어, 할 수 없이 오사카로 만주로 남부여대男負女戴하여 가는 자가 적지 않소이다. 과연 조선도 이제는 돈이 있든지 실력, 즉 재주가 있든지 하여야만 살게 되었사외다.

사상상으로 보면 국제적 인물이 통행하는 관계상 각 방면의 주의主義, 사상이 수입됩니다. 이에 좁게 알고 널리 보지 못한 사람으로 그 요령을 취득하기에 방황하는 것은 당연한 이치입니다. 비빔밥을 그냥 먹을 뿐이요, 그중에서 맛을 취할 줄 모르는 것이 대부분입니다. 그러므로 오늘은 이 주의에서 놀다가 내일은 저 주의에서 놀게 되고, 오늘은 이 사람과 친했다가 내일은 저 사람과 친하게 됩니다. 일정한 주의가 확립하지 못하고 고립한 인생관이 서지를 못하여, 바람에 날리는 갈대와 같은 시일을 보내고 맙니다. 이는 대개 정치 방면에 길이 막히고 경제에 얽매여 자기 마음을 자기가 마음대로 가질 수 없는 관계도 있겠지만, 너무 산만하게 되고 말았나이다.

조선의 유식 계급 남자 사회는 불쌍합니다. 제일 무대인 정치 방면에 길이 막히고, 배우고 쌓은 학문은 용도가 없어지고, 이 이론 저 이론 말해야 이해해 줄 사회가 못 되고, 그나마 사랑에나 살아 볼까 하나 가족제도에 얽매인 가정, 몰이해한 처자로 하여 눈살이 찌푸려지고 생활이 신산辛酸스러울 뿐입니다. 애매한 요릿집에나 출입하며 죄 없는 술에 투정을 다 하고, 몰상식한 기생을 품고 즐기나 그도 역시 만족을 주지 못합니다. 이리 가 보면 나을까 저 사람을 만나면 나을까 하나 남는 것은 오직 고적뿐입니다.

유식 계급 여자, 즉 신여성도 불쌍하외다.

아직도 봉건시대 가족제도 밑에서 자라나고 시집가고 살림하는 그들의 내용의 복잡이란 말할 수 없이 난국이외다. 반쯤 아는 학문이 신구식의 조화를 잃게 할 뿐이요, 음기를 돋울 뿐이외다. 그래도 그대들은 대학에서, 전문專門에서 인생철학을 배우고 서양이나 도쿄에서 그들의 가정을 구경하지 아니하였는가. 마음과 뜻은 하늘에 있고 몸과 일은 땅에 있는 것이 아닌가. 달콤한 사랑으로 결혼하였으나 너는 너요 나는 나대로 놀게 되니 사는 아무 의미가 없어지고, 아침부터 저녁까지 반찬 걱정만 하게 되는 것이 아닌가. 급기 신경과민 신경쇠약에 걸려 독신 여자를 부러워하고 독신주의를 주장하는 것이 아닌가.

여성을 보통 약자라 하나 결국 강자이며, 여성을 작다 하나 위대한 것은 여성이외다. 행복은 모든 것을 지배할 수 있는 그 능력에 있는 것이외다. 가정을 지배하고 남편을 지배하고 자식을 지배한 나머지에 사회까지 지배하소서. 최후 승리는 여성에게 있는 것 아닌가.

조선 남성 심사는 이상하외다. 자기는 정조 관념이 없으면서 처에게나 일반 여성에게 정조를 요구하고, 또 남의 정조를 빼앗으려고 합니다. 서양에나 도쿄 사람쯤 하더라도 내가 정조 관념이 없으면 남의 정조 관념 없는 것을 이해하고 존경합니다. 남의 정조를 유인誘引하는 이상 그 정조를 고수하도록 애호해 주는 것도 보통 인정이 아닌가. 종종 방종한 여성이 있다면 자기가 직접 쾌락을 맛보면서 간접으로 말살시키고 입에 넣어 씹는 일이 적지 않소이다. 이 어이한 미개명未開明의 부도덕이냐.

정월 경성에서

조선 일반 인심은 과도기인 만치 탁 터 나가지를 못하면서 내심으로는 그런 것을 요구합니다. 경제에 얽매여 옴치고 뛸 수 없으나, 지글지글 끓는 감정을 풀 곳이 없다가 누가 앞을 서는 사람이 있으면 가부를 막론하고 비난하며, 그들에게 확실한 인생관이 없는 만치 사물에 해결이 없으며, 동정과 이해가 없이 형세 닿는 대로 이리 헤매고 저리 헤매게 됩니다. 무슨 방침을 세워서라도 구해 줄 생각은 적은 터럭만큼도 없이 마치 연극이나 활동사진 구경하듯이 재미스러워하고 코웃음 치고 꾸짖으며, 일껏 선안先眼에 마음을 두었던 유망한 청년으로 하여금 위축의 불구자를 만드는 것 아닌가.

보라, 구미 각국에서는 돌비突飛한 행동하는 자를 유행을 삼아 그것을 장려하고 그것을 인재라 하며 그것을 천재라 하지 않는가. 그러므로 앞을 다투어 창작물을 내나니, 이럼으로 일진월보日進月步가 보이지 않는가.

조선은 어떠한가. 조금만 변한 행동을 하면 곧 말살시켜 재기치 못하게 하나니, 고금의 예를 보아라. 천재는 당시 풍속 습관의 만족을 갖지 못할 뿐 아니라 차대次代를 추측할 수 있고 창작해 낼 수 있나니 변동을 행하는 자를 어찌 경솔히 볼까 보냐. 가공할 것은 천재의 싹을 분질러 놓는 것이외다. 그러므로 조선 사회에는 금후今後로는 제1선에 나서 활동하는 사람도 필요하거니와, 제2선, 제3선에 처하여 유망한 청년이 역경에 처하였을 때 그 길을 틔워 주는 원조자가 있어야 할 것이요, 사물의 원인 동기를 심찰深察하여 쓸데없는 도덕과 법률로써 재판하여 큰 죄인을 만들지 않는 이해자가 있어야 할 것입니다.

청구 씨에게

씨여 이만하면 떨어져 있는 동안 내 생각을 알겠고 변동된 내 생활을 알겠사외다. 그러나 여보셔요, 아직까지도 나는 내게 적당한 행복된 길이 어디 있는지를 찾지 못하였어요. 씨와 동거하면서 때때로 의사 충돌을 하며 아이들과 살림살이에 엄벙덤벙 시일을 보내는 것이 행복스러웠을는지 또는 방랑생활로 나서 스케치 박스를 메고 캔버스에 그림 그리고 다니는 이 생활이 행복스러울지 모르겠소. 그러나 인생은 가정만도 인생이 아니요, 예술만도 인생이 아니외다.

이것저것 합한 것이 인생이외다. 마치 수소와 산소가 합한 것이 물인 것과 같이. 여보셔요, 내 주의主義는 이러해요. 사람 중에는 보통으로 사는 사람과 보통 이상으로 사는 사람이 있다고 봅시다. 그러면 그 보통 이상으로 사는 사람은 보통 사람 이상의 정력과 개성을 가진 자외다.

더구나 근대인의 이상은 남의 하는 일을 다 하고 남는 정력으로 자기 개성을 발휘하는 것이 가장 최고 이상일 것이외다. 그는 이론뿐이 아니라 실례(實例)가 많으니 위인 걸사들의 생활은 그러하외다. 즉 수신제가 치국평천하가 고금이 다를 것 없나이다. 나는 이러한 이상을 가지고 10년 가정생활에 내 일을 계속해 왔고 지금부터도 실행할 자신이 있던 것이외다. 그러므로 부분적인 것이 내 생활 행복이 될 리 만무하고, 종합적이라야 정말 내가 요구하는 행복의 길일 것이외다. 이 이상을 파괴케 됨은 어찌 유감이 아니리까.

감정의 순환기가 10년이라 하면, 싫었던 사람이 좋아도 지고 좋았던 사람이 싫어도 지며, 친했던 사람이 멀어도 지고 멀었던 사람이 친해도 지며, 선한 사람이 악해도 지고 악했던 사람이 선해도 지나이다. 씨의 10년 후 감정은 어떻게 될까. 이상에도 말하였거니와 부부는 세 시기를 지나야 정말 부부 생활의 의미가 있다고 하였습니다. 나는 이미 그대의 장단점을 다 알고 씨는 나의 장단점을 다 아는 이상 서로 보조하여 살아갈 우리가 아니었던가.

하여간 이상 몇 가지 주의로 이혼은 내 본의가 아니요, 씨의 강청이었나이다. 나는 무저항적으로 양보한 것이니, 천만번 생각해도 우리 처지로 우리 인격을 통일치 못하고 우리 생활을 통일치 못한 것은 부끄러운 일입니다.

 아울러 바라는 바는 팔십 노모의 여생을 편하게 하고, 네 아이의 양육을 충분히 주의해 주시고, 나머지는 씨의 건강을 바라나이다.

『삼천리』, 1934. 9

경성에서, 정월

화가로서

미전 출품 제작 중에

1

다다미 위에서 차게 군 까닭인지 자궁에 염증이 생겨 허리가 끊어질 듯이 아프고 동시에 매일 병원에 다니기에 이럭저럭 겨울이 다 지나고 봄이 돌아오도록 두어 장밖에 그리지를 못하였다. 더구나 내게는 근일近日 고통이 되다시피 그림에 대한 번민이 생겨서 화필을 들고 우두커니 앉았다가 그만두고 그만두고 한 때가 많다. 즉 나는 학교 시대부터 교수敎授받는 선생님으로부터 받은 영향상 후기인상파적 자연파적 경향이 많다. 그러므로 형체와 색채와 광선에만 너무 주요시하게 되고 우리가 절실히 요구하는 개인성, 즉 순 예술적 기분이 박약하다. 그리하여 나의 그림은 기교에만 조금씩 진보될 뿐이요, 아무 정신적 진보가 없는 것 같은 것이 자기 자신을 미워할 만치 견딜 수 없이 괴로운 것이다. 이런 때야말로 남의 그림을 많이 볼 필요도 있고 참고서를 많이 읽을 필요가 있는 것이다. 그러나 온 적적한 곳에서 살고 보니 그나마 기회를 얻을 수 없는 것이다. 다만 혼자 애를 태우고 태우고 할 뿐이요, 그러다가 어느 때면 말할 수 없이 좋은 그림을 보고 좋아서 허덕거리다가는 섭섭히 꿈을 깰 때가 많을 뿐이다. 이와 같이 누가 시키는 일이나 하는 것같이 퉁명스럽게 그림 그리는 일을 그만두리라 하고 단념을 해 보기도 하고 '이 이상 진보치 못할까? 아니, 못하리라' 하고 무재무능無才無能을 긍정하여 절망도 하였다. 그러다가도 무슨 실낱같은 인연 줄이 끄는데 당기면 깜짝 놀라 '내가 그림 없이 어찌 살라고' 하는 생각이 난다. 과연 내 생활 중에서 그림을 제해 놓으면 실로 살풍경이다. 사랑에 목마를 때 정을 느낄 수도 있고, 친구가 그리울 때 말벗도 되고, 귀찮을 때 즐거움도 되고, 괴로울 때 위안이 되는 것은 오직 이 그림이다. 내가 그림이요, 그림이 내가 되어 그림과 나를 따로따로 생각할 수 없는 경우에 있는 것이다. 이와 같이 내게서 시시각각으로 생기는 감정이 질정되기까지는 제작하고 싶지 아니하였다. 그리하여

정월 경성에서

내 자신도 섭섭히 생각하면서도 금년에는 출품을 아니하기로 작정하였다. 이 말을 집의 사람들과 남편에게 말하였다. 다 찬성하지 않았다. 그러고 출품하라고 권한다. 나는 그들이 내 감정을 이해해 주지 못하는 데 대하여 야속하였다. 무슨 보수건報酬件이나 되는 것같이 결단코 출품 아니하겠노라고 반항하였다. 남편은 미전에 대한 신문지를 오려다 주며 날마다 재촉을 하고 돈을 갖다 주며 비용에 쓰라고 하고 살살 나를 달랜다. 나는 그에게 어째서 출품을 하라고 하느냐고, 출품을 해서 입선이 되고 입상이 되면 무엇이 좋으냐고, 그 이유를 물어보고 싶었다. 그러나 말이 입술까지 나왔다가 묻지를 아니하였다. 나는 그의 마음을 짐작할 수 있을 것 같은 까닭이었다. 그러고 부부의 정이란 이런 때 그 아름다운 것을 알 수 있는 것 같았다. 그리하여 내 그림으로 하여 한 사람만이라도 기쁘게 할 수 있으면 이것이 곧 내 행복인줄 알았다. 나는 불현듯 용기가 났다.

헌 그림 속에서 인물 30호와 인물 12호 캔버스를 내어서 틀에 메웠다. 거기다가 젤라틴(아교)을 녹여 바르고 마르기를 기다려 아마유에 산화酸化 아연을 섞어 발라 쉬이 마르라고 부엌 마루에 기대 놓았다. 무엇을 하다가도 깜짝깜짝 놀라 시시로 부엌에 가서 만져 보고 묻혀 보고 하였다. 실로 이 일면이 눈과 같이 흰 화포

畵布를 볼 때처럼 유쾌하고 희망스러울 때는 없다. 그러나 일점一點의 선이 화필에서 떨어지는 때로부터 금단의 과실을 따 먹은 아담, 이브와 같이 형형색색의 고통이 뒤섞여 솟아오른다. 이와 같이 얼마 아니하여 그 순백한 화포는 현실의 세계로 내려와 죄에 죄를 중첩하게 된다.

나는 이렇게 고요한 밤에 먼저 구도를 생각하였다. 아무 뜻 없는 기쁨과 희망에 싸여 이 생각으로부터 저 생각, 저 생각으로부터 이 생각하는 중에 문득 좋은 구도를 얻게 되었다.

익일에는 춥고 바람이 대단하였다. 그러나 하루를 더 참을 수 없었다. 3리나 되는 곳에 있는 천후궁을 찾아갔다. 과연 예상하던 바와 같은 곳을 찾아 섰다. 곧 연필 스케치를 해 가지고 왔다. 오는 길에 지나촌을 지날 때 문득 그려 보고 싶은 기분이 나는 곳이 있었다. 그곳도 스케치를 해 가지고 왔다. 젖은 캔버스가 마르는 4일 동안 스케치북이 닳도록 보고 또 보고 하였다. 어서 속히 그려 보고 싶었다. 밤에라도 잠깐 깨면 어떻게 어떻게 그려 보리라 하는 생각이 자꾸 잇달아 나온다.

3월 초순부터 미전 출품을 목적한다는 것보다 무엇이 될지 모르는 희망으로 우선 천후궁을 그리기 시작하였다.

2

<천후궁>의 내력은 이러하다. '천후낭랑天后娘娘을 받든다'는 것이었으니, 이는 해신海神의 이름으로, 혹은 천비天妃라고도 칭한다. 송조宋朝 포전浦田 사람으로 임원林原의 6녀가 유시幼時부터 신이神異가 있었다. 그의 형이 해상으로 장사하러 다닐 때에 왕왕 폭풍에 조난을 하였다. 그러자 그녀는 눈이 멀어서 신을 불러 그를 구하길 청하다가 20세인 꽃다운 나이를 최후로 죽고 말았다.

그 후 종종 해상에 영험이 출현하여 바다를 건너는 자들이 다 숭제崇祭하여 기도를 하면 즉시로 풍랑이 잦아진다고 한다.

명明의 영락永樂 중에 봉하여 천비라 하고 묘를 수도에다가 세우고 후에 이르러 격을 올려 천후天后라 칭하였다. 이러한 내력을 참고하여 그 기분을 묘사해 내려고 하였다. 그리하여 금번에 그린 것은 천후궁 본전을 원경으로 삼고, 출입 중문을 중경으로 정문을 근경으로 한 구도였다. 형체를 취한 후 색채를 부치게 될 때에 제일 곤란한 것은 실체 대부분이 회색 벽돌, 즉 대부분 색채가 한색寒色이기 때문에 실체에 가까운 색만 쓰자니 화면 전체가 너무 찬 기분이 돌겠고, 또 온색溫色을 너무 많이 쓰면 본체의 의미를 잃어버릴 것이라. 이것을 중용하여 그리기에 좀 생각을 쓰게 되었다. 두 번째로 곤란했던 것은 사생하던 처소가 공교히 나무 장터

가 되어서 나무 팔릴 때까지 멀거니 앉아 있던 중국 쿨리들은 무슨 큰일이나 난 것처럼 앞뒤로 수십 명이 빽 둘러싸고 뒤에서는 들이밀고 6척이나 되는 큰 키들이 앞을 막아서면 일일이 악을 써서 "니야"를 부른다(조선인을 '요보'라고 부르는 일반으로). 그러면 깜짝 놀라 비켜서는 이도 있고 끈적끈적한 몸을 딱 버티고 섰다. 그러면 나도 성이 나서 서투른 청어淸語로 "점어 니부지더마 오부눙 칸칸 제벤(내가 저기를 볼 수 없는 것을 왜 너는 모르느냐)"하고 악을 썼다. 그리고 나서는 다시 내 마음을 눙쳐서 그리려 하면 또 앞을 막는다. 이렇게 손과 입이 같이 활동을 하여야만 되는 것이 극히 곤란한 것이다. 그러므로 어느 때면 입 놀리기가 귀찮아서 미진한 점을 남겨 두고 성이 나서 그만 화판틀을 접을 때가 많다. 실로 내가 내 생각을 해 보아도 무신경자가 아닌가 싶고, 그다지 성을 냈다 눅여 보았다 그만두리라고 단정했다가도, 그 이튿날이 되면 다 잊어버리고 그곳에 또 갔다가 또 봉변을 하고 이렇게까지 하며 그리려고 힘쓰는 내가 우습기도 하였다. 하여간 이렇게 아침 8시부터 12시까지의 광선으로 4일간을 연속하여 다니는 동안에 갖은 우스운 일이 다 많았다.

3

   그와 같이 그리던 최후의 날에 돌아오는 인력거 위에서 생각하였다. 그러고 더할 수 없이 유쾌하였다. 결코 나는 이번 천후궁 그림을 만족한 그림으로 생각지 아니한다. 만일 이것이 입선이 되고 입상이 되면 어찌하나 하는 희망보다도 걱정이었다. 그러나 이번 장소 선택에 대하여서는 확실히 자신이 있었다. 그리하여 그만한 구도를 생각해 낼 만한 머리가 있는 것을 알 때 무슨 진보성이나 있지 아니한가 하는 기쁨을 느끼게 되었다. 그러고 그림 그것보다도 그것을 그리는 동안에 형형색색으로 당한 사실이 나중에 생각하니 다 내가 승리자가 된 것 같아 참을 수 없이 유쾌하였다. 이 소위 다 그렸다는 그림을 집에 갖다가 놓고 멀리 보고 가까이 보고 뒤집어 놓았다가 눈을 새로 해 가지고도 보고 다른 방에다가 놓고도 하여 잘못된 것을 알아내려고 고심하였다. 그러나 내 힘대로는 한 것이 남이 가르쳐 주기 전에는 내 흠점을 알아낼 리가 만무하다.

   물론 대체의 흠점이야 모를 리 없지마는 필치에 대한 것이야 어찌 고쳐야 좋을지를 몰랐다. 공연히 남편더러 봐 달라고, 화생畫生더러 집안사람더러 봐 달라고 하면 다만 좋다고 할 뿐이요, 아무 시원한 말 한마디 들을 수 없었다. 그와 같이 며칠을 두고 고치

고 고치고 하다가 다시 한 번 실체 있는 곳에 갔다. 이날은 마침 음력 4월 초하루라 천후궁 전체 문을 열어 놓았을 뿐 아니라 예월(例月)대로 하면 음력 1일과 15일, 한 달에 양일간 공개를 하여 모든 사람들이 제사를 드리게 되는데, 4월은 특별히 초파일이 있고 또 8, 9, 30일간은 큰 제를 드리며 바깥 넓은 마당에서는 각 학교 연합 운동이 있고, 압록강 뱃사공은 전부 휴업을 하고 여기 와서 무릎을 꿇어 절을 하며 1년 내 무사히 바다를 건너길 기도하는 날이어서 안동현 가까운 촌락에서는 기차로 도보로 물밀 듯하여 이날에 데리고 왔던 아이를 잃고 울며 날뛰는 여인들이 매년 수가 없다고 하는 날이다. 나도 두세 차례 가 보았거니와 참 볼만한 날이었다. 그러한 날이 있는 달이라 그런지 이 초하룻날은 천후궁에 있는 깃발과 등을 다 내서 꽂고 달고 하였다. 나는 다 그려 놓다시피 한 화면 전체를 변하여 이날의 광경대로 고쳐 그렸다. 이것이 즉 이번에 출품한 〈천후궁〉이라 하는 것인데, 그래도 미진한 점이 있었으나 액자를 끼워 보지 않고는 알 수가 없어 그대로 경성까지 와서 출품 당일에 다시 고쳤다. 그러나 아직도 미진한 점이 있는 줄 알면서도 운반 최후 시간이 절박하여 딱 떼어서 보내고 말았다.

4

천후궁을 그리면서 사이사이 그린 것이 <지나정支那町>이다.

이것을 그리게 된 동기는 다만 지나支那 기분이 충만하여 있는 시가요, 더욱이 흥미를 끌게 된 것은 술집 패가 남색, 홍색 합한 것이 주렁주렁 매달린 것이었다. 그러나 이 시가는 사람의 통행이 제일 번잡한 곳이라 실토를 하자면 미상불 엄두가 나지를 아니하였다. 하루 밤새도록 생각하여 보았다. 그러고 죽어라 하고 용기를 내 보았다. 전에 <봉황성의 남문> 그리던 생각을 하니 무서울 것이 없을 것 같았다.

어떻든 하루아침 12호에다가 그리기를 시작하였다. 과연 콧물 눈물 흘린 아이들로부터 암내가 쏟아져 나오는 중국 노동자들이 삽시간에 무리를 짓는데 정신이 아득해졌다.

게다가 만주의 명산名産인 바람이 휙휙 지나가자 마차 바퀴에 튀어 오르는 흙먼지가 쫙쫙 뿌려 들어오면 한참씩 눈을 감았다가 뜰 때도 있었다. 나중에는 입에서 모래가 설경설경 씹히고 코에는 말똥 냄새, 쇠똥 냄새가 물큰물큰 나온다. 이렇게 오전 9시로 10시까지의 광선으로 3일간을 겨우 대강만 사생해 가지고 더 다니기가 너무 끔찍스러워서 더 못가고 세세한 것은 집에서 고치고 만들고 하였다. 지금까지의 필치와 색채를 일변하여, 즉 지금까지의 원색, 강색强色보다 간색間色, 심색沈色을 써 보려고 한 것이나 그리기 전에 생각하던 바 소부분은 실현된 듯싶으나, <천후궁>보다도 더 자신이 없으면서도 지나 기분이 반쯤 출현된 듯싶은 생각과, 가옥의 지붕 같은 것이 관계치 않게 된 듯싶은 안심으로 미전에 출품은 하나 무감사無鑑査니까 입선이 되었는지도 모른다.

세상에 수고 아니하고 얻는 일이 어디 있겠으랴마는 샐 틈 없는 내 생활 중에서 조금씩 주워 모은 시간으로 공부라고 해서 입선이니 특선이니 공개가 되고 보니, 무조건으로 받은 그것이 기쁘다는 것보다 내 노력에 대하여 유쾌한 맛이 한층 더할 뿐이다. 나는 이러한 것을 이름 지어 행복이라고 일컫고 싶다.

호의호식에 편한 거처로 일생을 괴로움 없이 지내고 보면 그 무엇에 유쾌한 맛을 볼 수 있으리오. 조석이 간데없다가 품삯 얻어 밥 지어 먹을 때 그 맛이 얼마나 달큼할꼬. 내 그림을 차마 놓지 못하는 것은 요런 달큼한 맛이 점점 더하여 가는 까닭이다.

『조선일보』, 1926. 5. 20~23

경성에서
정월

나를 잊지 않는 행복
―제전 입선 후 감상

우리는 누구든지 팔자 좋게, 다시 말하면 행복스럽게 살기를 원하고 바란다. 또 그대로 하기를 원한다.

뒤에 산을 끼고 앞에 물이 흘러, 봄철에 꾀꼬리 소리며 여름날에 빗소리로 공기 좋고 경치 좋은 2, 3층 양옥 가운데서 금의포식으로 남여노복이 즐비하고 자손이 번창한 부호가의 주부가 되면 이야말로 더 말할 수 없는, 소위 행복을 가진 사람이라 할 것이다.

이와 같이 평온무사한 것을 우리 행복의 초점으로 삼는다면 행복은 확실히 우리 생활을 고정시키는 것이요, 활기 없게 만드는 것이며, 게으르게 만드는 것이요, 우리로 하여금 퇴보자요, 낙오

자가 되게 하는 것이다.

우리 중에 한 사람도 자기를 잊고 사는 사람은 없을 것이다. 그러므로 우리는 잘 먹고 잘 입고 편안히 살려고 하는 것이다. 그러나 우리 조선 여자는 확실히 예부터 오늘까지 나를 잊고 살아왔다. 아무 한 가지도 그 스스로 노력해 본 일이 없었고, 스스로 구해 본 일이 없었으며, 그 혼자 번민해 본 일이 없었고, 제 것으로 얻은 것이 아무것도 없었다. 가엽다 나를 잊고 사는 것, 이것이야말로 처량한 일이 아닌가.

왜 우리는 자기 내심에 숨어 있는 무한한 능력을 자각 못 해서 그 능력의 발현을 시험해 보려 들지 아니하였던고!

세상에는 평범한 가운데서 자기만은 무슨 장래의 보증할 것이 틈틈이 있는 것같이 안심하고 있는 자가 많으니, 더욱이 우리 여자 중에 많은 것이 사실이다.

보라, 얼마나 귀중히 여기고 보호하던 생명조차 하루아침 하룻밤에 끊어지지를 않는가! 철석같이 맹세한 연인 동지의 마음이 변하지 않는가! 최고 행복도 아무렇지도 않고 없어지고 마는 것이 아닌가! 연인에게 뜨거운 사랑을 받고, 벗에게 기쁜 믿음을 얻는다 해도 상당한 시기가 지나면 싫증이 나고 변하는 것이다. 그 뜻이 길이 있지 못할 것을 미리 짐작하여야 한다. 왜 그러냐 하면 만일에 그 행복을 잃어버리는 때는 오직 무능자가 될 것이요, 실망자로 자처할 수밖에 없을 터이니까.

그리하여 이 한때에 행복을 빼앗길 때마다 어느 때든지 우리의 더할 수 없는 일거리 역시 자기를 잊지 말고 살아가라는 목표를 정하는 여하에 있는 것이다. 즉 무의식하게 자기를 잊고 살아온 가운데서 유의식하게 자기를 잊지 않고 살아가는 데 있다고 생각한다. 다시 말하면 우리의 가장 무서워하는 불행이 언제든지 내습할지라도 염려 없이 받아넘길 수 있을 것이다. 거기에 아무러한 고통이 있을지라도 그 고통 중에서 일신일변→新→變할지언정 결코 패배를 당할 이치는 만무하다. 즉 외형의 여하한 행복을 받든지, 또는 외형의 여하한 행복을 잃어버리든지, 행복의 샘 내 맘 하나를 잊지 말자는 것이다. 사람은 누구든지 힘을 가지고 있다. 그 힘을 사람은 어느 시기에 가서 자각한다.

아무리 한 번이나 두 번은 다 자기 힘을 자각한다. 그것을 받는 사람은, 즉 자기를 잊지 않는 행복을 느끼는 자다. 또 사람은 자기 내심에 자기도 모르는 정말 자기가 있는 것이다. 그(보이지 않는 자기)를 찾아내는 것이 곧 자기를 잊지 않는 것이 된다. 요컨대 우리들의 현재 및 미래의 생활 목표의 신앙과 행복은 오직 자기를 잊지 않고 살아가는 수밖에 아무것도 우리의 맘을 기쁘게 해 줄 것이 없을 것이다.

　이것이 자기 생활의 전개를 자기가 보장하려는 것이니만치 지실挚實할 것이다.

　그리하여 우리들의 할 일은 이 현실을 바로 보는 데 있고 미래의 생활의 싹을 북돋아 기르는 데 있는 것이다. 이러한 것을 생각하더라도 잠시라도 방심하여 자기를 잊고 어찌 살 수 있으랴.

　하루 뒤 1년 뒤 지나는 순간마다는 후회의 연속이었다. 그러나 그것이 하나가 된 큰 과거는 얼마나 느낌 있는 과거인가. 또 그중에 마디마디 멀리 있어 돌아다보니 얼마나 즐거웠던 때였나. 우리는 언제든지 우리 앞에 비추는 현재의 환희로 살지 못함은 곧 가까운 과거를 현재로 만드는 까닭이었다.

　그러므로 기실은 현재는 없어지고 만 것이다. 지나고 보니 이같이 안전한 대로를 밟아 온 것을 그리하여 그 중도에는 내게 없어서는 아니 될 것이다. 구비해 있고 그뿐 아니라 그때그때 전개해 주는 생활이 다 나를 기쁘게 만든 것이요, 다 나를 진보시킨 것이었다. 그런데 왜 그때그때 과거에 있어서는 그다지 길이 좁았던고!

　이번에 출품을 두 점 하였다. <금강산 삼선암>과 <정원>이었다. 전자 50호가 떨어지고 후자 20호가 입선되었다. 후자는 이미 선전鮮展에서 특선으로 입선된 것이어서 별로 신통치 않을는지 모르나, 나는 이 작품을 지금까지의 작품 중에 중요하게 생각한 것이므로 일본 화계에서 작은 터럭만큼이라도 평을 얻게 되면 행幸일까 함이다. 즉 구미에서 본 화단畫壇의 요령이며 자기 심령상에도 최고 행복한 때였고, 겸하여 그림에 대한 힌트를 얻게 된 작품이므로 일부러 출품해 본 것이다. 이 작품에 대한 평에 의하여 앞길을 정해 볼까 합니다. 이제까지 집안 살림살이 가운데서 겨우 끌어 나오던 그림이라 남들이 아는 이상 무실력한 것을 부끄러워하는 바이다. 없는 재주가 보일까 하고 다시 도쿄 길을 밟은 것이다.

1931. 10. 15 도쿄에서

『삼천리』, 1931. 11

모델

여인 일기

또 새로운 날이 닥쳐왔다. 이불 속에서 오늘 지낼 목록을 정하고 일어났다. 청소를 하고 조반을 먹고 나서 책상 앞에 앉아 책을 보고 앉았다. 아래 문 여는 소리가 드르르 나며 딱 들어서는 구두 소리는 익숙하다. 2층으로 올라온다.

R "K냐."

K "네, 굿모닝 스윗 드림?"

R "굿 모닝 투. 쎄임 아 유?"

경성에서.
정월

K "오늘도 또 모델이 되어야지?"

R "물론이지."

K "또 경을 친다……."

R "보수로 장국밥 대접하지!"

K "기껏해야 그거야?"

R "그럼 고기 넣고 구수한 국물에 그런 대접이 어디 있어. 자, 앉아라. 이가 물어도 꼼짝 말고."

K는 책 보는 포즈로 모델이 되고 R은 화로를 끼고 앉아서 그리고 있다. 한 30분 되더니,

K "아이고 다리야, 사람 살려 줘."

R "엄살하면 호소할 데나 있나?"

K "왜요, 호소할 데는 없어도 변호사 댈 사람은 있다나요."

R "그럼 무서워서 그만 쉬어야겠군."

화로를 가운데 놓고 마주 앉아 잡담이 나온다.

R "어제 S, Y, C 세 여사가 왔었어."

K "왜? 또 무슨 불평이 있었나."

R "밤낮 해야 그 말이 그 말이지. 남편에게 대한 불평이지. 하여간 남성 중심으로 된 사회제도를 저주 아니할 수 없어."

K "참 그래, 무슨 불평인고."

R "S의 남편은 축첩畜妾을 했다지, Y 남편은 가족이 굶어 죽거나 말거나 마작에 미쳤다고 하지, C의 남편은 카페에 다니느라고 낮이면 밤을 삼아 잔대지. 남편은 남편대로 따로 놀고 아내는 아내대로 대불평을 가져 모두 들떴으니, 어쩐 까닭인지 몰라."

K "그까짓 것 모두 툭 차 버리지."

R "남자는 칼자루를 쥐고, 여자는 칼날을 쥐었으니, 남자 하는 데 따라 여자에게만 상처를 줄 뿐이지 고약한 제도야. 지금은 계급 전쟁 시대지만 머지않아 남녀 전쟁이 날 것이야. 그러고 다시 여존남비 시대가 오면 그 사회제도는 여성 중심이 될 것이야. 무엇이든지 고정해 있지 않고 순환하니까."

K "그래 S, Y, C들은 어떻게 한답디까?"

R "별수 있나. 무용無用의 불평만 가졌을 뿐이니 목구멍이 포도청인걸. 빵 문제로 도로 들러붙고 마는 거지. 그보다도 모성애로 단행을 못 하는 자도 있겠지."

K "하여간 수수께끼라."

경성에서

정월

R "그들이야 무엇 하거나, 우리는 그림이나 그리자꾸나."

K "아이고머니, 또 사람 죽소."

R "네가 멋모르고 시작했지. 이것이 다 될 때까지 몇 번 죽어날 것인데."

K "아이고, 나는 달아나겠소."

R "내일 일찍 와."

K "꿈 잘 꾸면……."

R "안 오면 절교다."

때는 12시. 오포(낮 12시를 알리는 대포) 소리가 들린다. 점심을 먹었다. 새로 1시가 되었다. 문이 자주 열리더니 학생들이 들어온다. 인사를 차린 후 다 각각 화구를 펼쳐 놓는다.

S "선생님 무엇부터 그려요?"

R "네! 우선 중심점을 취해 가지고 아웃라인, 즉 윤곽을 먼저 그리고 다음에 광선을 보도록 하지요."

L "선생님 이것 좀 봐주세요."

R "잘되었으나 이 선이 좀 짧소."

S "여기는 무슨 색을 써야 해요?"

R "코발트와 비리디언을 섞어서 써 보오. 이렇게 하오."

R은 갈팡질팡 이 학생 저 학생에게 다니며 짧은 지식이나마 아는 대로 정성껏 가르쳐 준다. 오후 다섯 시가 되었다. 방 안은 잠깐 조용하다. 저녁밥을 먹었다. 불전에 잠깐 정좌하였다. A가 쾅쾅 올라온다.

A "오랫동안 못 봐 보고 싶었어."
R "나도 어찌 보고 싶었는지!"

손을 꼭 쥐고 두 뺨을 바로 댄다.

A "그런데 오늘이 내 생일이라나. 선학원禪學院에 가서 불공이나 하고 밥이나 같이 먹읍시다."
R "그러면 생일 선물도 못 해서?"
A "이다음 잘살거든 많이 받지. 하하하하."
R "K 오거든 같이 가서 한판 차려 놀세."

곧 K가 온다.

R "오늘이 이 친구 생일이래. 잘 좀 놀아 주세."

K "놀고말고. 놀 기회가 없어 못 놀지 왜 못 놀아."

3인은 작반作伴하여 안국동으로 향하였다. 거기는 부처님 앞에 공양이 벌어지고 그 앞에는 생일 당자當者의 축문이 놓여 있다. 승僧들은 장삼을 입고 목탁을 두드리고 경문을 외우며 절을 한다. 우리도 따라서 했다. 이것을 마치고 방으로 들어가 앉으니 아는 신여성이 하나씩 둘씩 모여 10여 인이 되었다. A와 K는 번갈아 주연主演을 한다. 허리가 부러지도록 웃고 손이 터지도록 두드려 생일의 축하를 만족히 마치고, 다 각각 돌아설 때는 밤 10시였다. 때마침 우박 눈이 푹푹 쏟아질 때 팔을 엇끼고 눈을 턱턱 받으며 재미있게 속살거리는 그 뭉텅이 뭉텅이 누구의 힘으로도 뗄 수 없는 정情이 얼키설키 만나면 반갑고 떨어지면 그립고…….

오늘 하루도 유쾌히 지냈다. 전등을 끄고 드러누웠을 때 바람에 흔들리는 창 소리 덜그럭덜그럭 어느덧 고요한 꿈속으로 들고 말았다.

『조선일보』, 1933. 2. 28

독신자로서

신생활에 들면서

"나는 가겠다."

"어디로?"

"서양으로."

"서양 어디로?"

"파리로."

"무엇 하러?"

"공부하러."

"다 늙어 공부가 뭐야."

"젊어서는 놀고 늙어서는 공부하는 것이야."

"그렇기는 그래. 머리가 허연 노대가老大家의 작품이야말로 값이 있으니까."

"그러나 꿈적거리기 귀찮지도 않은가."

"어지간히 짐도 꾸려 보았네마는 아직도 짐만 싸면 신이 나."

"아무 데서나 살지 다 늙게."

"사는 것은 몸으로 사는 것이 아니라, 마음으로 사는 것이야."

"몸이 늙으면 마음도 늙지."

"아니지, 몸이 늙어 갈수록 마음은 젊어 가는 것이야. 오스카 와일드 시에도 '몸이 늙어 가는 것이 슬픈 것이 아니라 마음이 젊어 가는 것이 슬프다'고 했어. 그러기에 서양 사람은 나이 관념이 없어 언제까지든지 젊은 기분으로 살 수 있고, 동양 사람은 늘 나이를 생각하기 때문에 쉬 늙어."

"그러나 몸이 늙어 쇠퇴해지면 마음에 기분에 기운이 없는 것은 사실이요, 팔팔한 젊은 기분 볼 때는 꿈속 같은 걸 어찌하나."

"그야 그렇지만 한갓 마음 가지기에 달린 것이야. 다만 걱정거리는 나이 먹고 늙어 갈수록 생각만 늘어 가고 기운이 줄어드는 것이야."

"글쎄 내 말이 그 말이야. 그러니까 말이야. 친구도 나이 40에 이리저리 헤매지 말고 서울서 그대로 기초를 잡으란 말이야."

정월 경성에서

"나는 싫어. 내 과거와 현재와 미래를 다 알고 있는 조선이 싫어. 조선 사람이 싫어."

"흥, 그거는 모르는 말일세. 친구가 조선을 떠난다면 그 과거, 현재, 미래가 아니 따라갈 줄 아나?"

"글쎄, 과거야 어디까지 쫓아다니겠지마는 현재와 미래만은 환경으로 변할 수가 있을 터이니까."

"그렇지만 암만 환경을 변하더라도 그 과거가 늘 침입하여 고쳐 놓은 환경을 흐려 놓는 것을 어찌하나. 그러기에 한번 과거를 가진 사람은 좀처럼 뿌리를 빼지 못하는 것이야."

"암, 뿌리야 빠질 수 없는 일이지마는 개척하는 데 따라 환경으로 과거는 정복할 수는 있는 것이지."

"그러자니 그 상처를 아물려면 비애가 오죽한가."

"그거는 각오만 하면 참을 수 있는 것이야. 어렵기야 어렵지."

"그만치 마음이 단단하다면 나는 안심하네. 해 보고 싶은 대로 해 보게."

강한 체하고 친구의 허락까지 받았으나 친구가 무책임하게 돌아설 때 내 가슴속은 다시 공허로 채워졌다. 이혼 사건 이후 나는 조선에 있지 못할 사람으로 자타 간에 공인하는 바였고, 4, 5년간 있는 동안에도 실상 고통스러웠나니, 첫째, 사회상으로 배척을 받을 뿐 아니라 나의 이력이 고급인 관계상 그림을 팔아먹기 어렵고 취직하기 어려워 생활 안정이 잡히지 못하였고, 둘째, 형제 친척이 가까이 있어 나를 보기 싫어하고 불쌍히 여기고 애처로이 생각하는 것이요, 샛째, 친우 지인들이 내 행동을 유심히 보고 내 태도를 여겨보는 것이다. 아니다. 이 모든 조건쯤이야. 내가 먼저 있기만 하면 이겨 낼 수 있는 것이다. 이보다 내 살을 에는 듯 내 뼈를 긁어내는 듯한 고통이 있었나니, 그는 종종 우편배달부가 전해 주는 딸 아들의 편지다. "어머니 보고 싶어" 하는 말이다. 환경이란 우습고도 무서운 것이다. 환경이 일변하는 동시에 과거의 공적功績은 공空이 되고 과거의 사실만 무겁게 쳐져 있다. 그러므로 나는 이 따라다니는 과거를 껴안고 공空에서 생生의 목록을 시작하지 않으면 아니 되게 되었다.

유혹

결코 손을 대서는 아니 된다고 한 과실의 손을 댄 것은 뱀의 유혹이었고, 이브의 호기심이 아니었나. 이로 인하여 받은 신벌神罰은 얼마나 엄격하였나. 유혹처럼 무섭고 즐거운 매력은 없는 것 같고 유혹의 즐거움, 불안, 두려움, 우려는 호기심에 그것이 나갔다. 동기는 여하한 것이든지 훨씬 열어젖힌 세계는 이상히도 좋앉고, 더구나 무구속하고 엄숙하게 지켜 있는 마음에 어찌 자유스러운 감정을 가지지 않게 되겠는가. 나는 확실히 유혹을 받았고, 나는 확실히 호기심을 가졌다. 우리는 황무한 형극에 길가에서 생각지 않은 장미화를 발견한 것이었다. 방향과 밀봉 중에 황홀하였던 것이다. 그 결과는 여하든지 나의 진보 과정상 감수하지 않으면 아니 되었다.

사람의 진보 경로는 여러 가지 형태가 있다. 행복스러운 환경과 조건 밑에서 아무 고로苦勞와 생각 없이 살아가는 사람도 적지 않다. 그러나 다수는 펼치기 전에 굽히게 된다. 여하히 누르든지 미혹하든지 분지르든지 하더라도 일의一意로 살려고만 하면 되지 않는가. 겨울에 얼어붙은 개천 물을 보라. 그 더럽게 흐르던 물이 어떻게 이렇게 희게 아름답게 얼어붙는가. 이것은 확실히 그 본체는 순정과 미를 잃지 않았던 것이다. 이 점으로 보아 진보해 가는 사람을 생각하게 된다. 이러한 사람에게는 떨어진 물이 더러우면 더러울수록, 떨어진 유혹의 길이 깊으면 깊어질수록, 더 심각한, 더 복잡한 현실을 엿보는 고로, 이 의미로 보아 이러한 사람은 미혹에 처하면 처할수록 외관으론 비록 고통스러울지언정 내막은 풍부한 감정으로 살 수 있는 것이다. 그리고 세상 범사로 긍정해 버리고 만다.

독신자

 이성 간 사랑은 순정이라야 한다. 이 순정을 잃은 자는 상처를 받은 자다. 이 상처를 맛본 자에게는 몸에 끈기가 없고 마음에 끈기가 없나니, 즉 탄력성 적고 중간성을 잃어 조화성이 없다. 그리하여 그 상처를 얻은 자, 즉 독신자에게는 감정이 마비되어 희로애락의 경계선이 분명치 못하고 동시에 사물에 싫증이 쉬 나고 애착심이 생기지 않는다.

 그러므로 남녀 간에 상처를 받은 자는 반드시 남자면 순처녀純處女, 여자면 순동남純童男을 배우자로 해야 조화성을 유지하게 된다.

 여러 사람에게 허락하여 순간순간 쾌락으로 살아갈까, 혹은 한 사람에게도 허락지 말아 내 마음을 지키고 살까. 급기 실행에 미치고 보니 어릴 때로부터 가정교육 인습에 찔려 더구나 양심이 허락지 않아, 전자를 실행치 못하고 후자를 실행해 보니 과연 어렵다. 친우를 얻을 수 없고 동지를 잃는다. 이는 대개 독신자의 이성 교제란 인격적 교제가 못 되고 성적性的 교제가 되나니 첫인상부터 상대자의 소유자 없는 것이 염두에 떠오른다. 결국 성교性交된 후에도 길지 못하나니 상대자가 자기에게 허신許身하듯이 타인에게도 허신하리라는 의심을 가짐이요, 성적 관계가 실행치 않으면 더구나 보잘 것 없이 교제 시일이 짧은 것이라. 그리하여 독신자는 정신적 동요가 심하나니, 갑이란 이성을 대할 때는 갑에게 마음이 가고 을을 만날 때는 을에게 마음이 가 마음이 집중이 되지 못한다. 그러므로 사람에게는 반드시 마음이 안착될 만한 사랑의 상대자가 필요하나니 아무리 착심着心하는 일이 있다 하더라도 인간인 이상 인간의 상대자를 요구한다. 사랑의 상대자를 구한다. 이 사랑의 상대자를 구하지 못한 독신자는 늘 허순허순하고 허청허청하여 마치 황무지에 선 전신주와 같아 강풍에 쓰러질 듯 쓰러질 듯하게 된다. 독신자들이여, 그대들에게 불행, 즉 배우자를 잃게 되거든 그 즉시 후보자를 구해 얻으라.

주저하고 생각할 동안에 제2, 제3 불행이 습래襲來하나니 그 불행을 이겨 낼 만한 각오를 가졌으면 모르거니와 점점 끈기가 없어 보송보송해 가고 사람이 싫어져 가고 말이 하기 싫고 잡은 손이 떨어져 사람을 버려 가는 것이야 어찌하랴. 더구나 그들에게는 건강을 잃게 되나니, 대개 남녀 간에는 생식할 시기 외에는 성적 관계보다 음양의 체온이 필요하고 음기가 필요한 것이다. 독신자가 다수는 나른하고 따분한 것은 이 관계가 많으니, 독신으로 지내는 것은 두말할 것 없이 부자연한 상태이다.

'현실의 비애.' 그것을 예술상 아름다운 문자로만 아는 데 지나지 않던 내가 지금은 과거 어느 시대와 현재를 비교하여 과연 현실의 비애를 알게 되었다. 나는 어느 지점에서 좌와 우의 길을 잘못 밟은 것 같다. '실패'에 들어 어지간히 걸어온 나는 지금도 반성으로 더불어 그 나누어진 길까지 되돌아들려 하나 이미 멀리 와 버린 고로 용이한 일이 아니다. 다만 자위自慰의 길을 취할 따름이다.

정조

정조는 도덕도 법률도 아무것도 아니요, 오직 취미다. 밥 먹고 싶을 때 밥 먹고 떡 먹고 싶을 때 떡 먹는 것과 같이 임의 용지로 할 것이오. 결코 마음의 구속을 받을 것이 아니다.

취미는 일종의 신비성이니 악을 선으로 해석할 수도 있고, 추醜를 소笑로 화化할 수도 있어, 비록 외형의 어느 구속을 받는 한이 있더라도 마음만은 자유자재로 움직일 수 있나니, 거기에는 아무 고통이 없고 신산辛酸이 없이 오직 희열과 만족뿐이 있을 것이니. 즉 객관이 아니요, 주관이오. 무의식적이 아니요, 의식적이어서 마음에 예술적 정취를 깨닫고 행동의 예술화가 되는 것이다. 서양에서는 일찍이 19세기 초부터 여자 교육에 성교육이 성행하였고, 파리의 풍기가 그렇게 문란하더라도 그것이 악하게 추하게 보인다는 것보다 오히려 아름답게 보이는 것은 이미 그들의 머리에는 성적 관계를 의식하였고 동시에 취미로 알고 행동에 예술화한 까닭이다.

다만 정조는 그 인격을 통일하고 생활을 통일하는 데 필요하니, 비록 개인의 마음은 자유스럽게 정조를 취미화할 수 있으나 우리는 불행히 나 외에 타인이 있고 생존을 유지해 가는 생활이 있다.

그리하여 사회의 자극이 심하면 심해질수록 개인의 긴장미가 필요하니, 즉 마음을 집중할 것이다. 마음을 집중하는 자는 그 인격을 통일하고 그 생활을 통일하는 자다. 그러므로 유래 정조 관념을 여자에게 한하여 요구하여 왔으나 남자도 일반일 것 같다.

왕왕 우리는 이 정조를 고수하기 위하여 나오는 웃음을 참고 끓는 피를 누르고 하고 싶은 말을 다 못 한다. 이 어이한 모순이냐. 그러므로 우리 해방은 정조의 해방부터 할 것이니, 좀 더 정조가 극도로 문란해 가지고 다시 정조를 고수하는 자가 있어야 한다. 저 파리와 같이 정조가 문란한 곳에도 정조를 고수하는 남자 여자가 있나니, 그들은 이것저것 다 맛보고 난 다음에 다시 뒷걸음치는 것이다.

우리도 이것저것 다 맛보아 가지고 고정해지는 것이 위험성이 없고 순서가 아닌가 한다.

흐르는 물결을 한편으로 흐르게 하면 기어이 타방면으로 흐트러지고 만다. 젊고 격렬한 흐름도 그 가는 길에서 틀려 가는 것이다. 이것은 자연이니 자연을 누구의 힘으로 막으랴.

자식들

윤정이 있는 것은 사실이나 나는 모성애가 천품으로 있는 것인지 한 습관성인지 의심하고 있다. 우리가 많이 경험하는 자식을 낳아 유모를 두어 기른다면 남의 자식과 조금도 틀림없는 관념이 생긴다. 생이별을 하여 남의 손에 기른다면 역시 남의 자식과 똑같은 관념이 생긴다. 그러면 자식은 반드시 낳아서 기르는 데 정이 들고 그 모성애의 맛을 보는 것이니 아무리 남이 길러 줄 내 자식일지라도 장성한 뒤 만나게 된다면 깊은 정이 없이 섬섬하고 서어하게 되나니, 이렇게 되면 타인과 조금도 다름없이 이해타산으로 그 정을 계속하게 되는 것이다. 더구나 다대多大한 감정을 가지고 이혼을 한 두 사람 틈에 있는 자식이랴. 어렸을 때부터 귀에 젖게 출가한 생모의 과실을 어른에게 듣고 의아하다가 그 생모를 만난 뒤에 융화성이란 좀처럼 생길 것이 아니다. 즉 삼종지도에 어렸을 때 사랑의 중심을 모母나 부父에게 두어야 할 아이들이 생활에 중심을 잃었고 동시에 마음의 중심도 잃을 것이라. 이러한 일종의 탈선적 습관이 생길 아이에게 중간에 들이미는 모성애가 무슨 그다지 존귀함을 느끼랴. 다만 그 생모가 경제 능력이 커서 그것으로나 정복하면 모르거니와, 그 아이의 머리에는 이해타산밖에 없을 것이다. 그리하여 결국 남편과 생이별을 하게 되면 법률상으로 그 자식들은 남편의 자식이 되는 것이요, 자식과도 역시 타인이 되고 만다. 그러므로 유래 구습 여자들은 남편과 생이별을 할 때는 자식 하나를 끼고 나가 평생을 거기 구속을 받고 마나니. 이는 정을 들이자는 애처로운 사정이 있는 까닭이니, 비교적 이런 자식에게는 효도를 받는다는 것보다 원망을 많이 받게 되나니 부질없는 일이오. 이혼하는 동시 딱 끊고 후일의 운명을 기다릴 것이다.

나는 이러한 것을 잘 알고 다 각오하였다. 그러므로 사람들이 내게 대하여 "크면 어디 가오. 다 어미 찾는 법이지" 하면 코웃음 난다. 어미는 찾아 무엇 하고 자식은 찾아 무엇 할 것인가. 남은 문제는 내가 돈이 많아서 저들에게 이롭게 해 준다면 모르거니와 그렇지 않으면 영원히 남이 되고 마는 것이다. 다만 10달간 배 속에 넣고 희생했을 따름이다. 그도 과거가 되고 보니 한 경험담에 지나지 않는 것이다.

공상적空想的으로 보이던 모든 것이 다 산 것이 되고 말았다. 향하는 하늘빛은 높고 푸르다. 그 지평선 흐린 곳에서나 광명과 희망을 부르짖게 된다. 가슴에 잔뜩 동경하는 내게는 너무 모르는 세계가 있다. 거기서 주저주저하는 불안과 무정심이 생긴다. 알지 못하고 화단에 발을 들여놓아 감미(甘味)한 분위기에 도취하였던 내가 기실 그것이 가시덤불 속 장미화였던 것을 알고 운다. 불행에서 행복을 찾아.

  나는 누구에게 대해서든지 이렇게 말한다. "독신자처럼 불행하고도 행복스러운 자는 없다"라고. 여자는 시집가서 자식 낳고 아침저녁 반찬 걱정하다가 일생을 보내는 범위를 떠나면 불행이라 한다. 그러나 그 범위 내에서 갈팡질팡하는 것이 행복이고, 한번 그 범위를 벗어나서 그 범위 내에 있는 자를 보라. 도리어 그들이 불행하고 자기가 행복된 것을 느끼나니. 날마다 같은 생활을 되풀이하는 그 침체한 생활에 비교하여 시시각각으로 변천하는 감각의 생활을 하는 자기를 보라. 얼마나 날마다 그 인생관이 자라 가고 생의 가치를 느껴 가는지. 사람은 그 생명이 붙어 있는 동안이 사는 시간이 아니요, 감정을 움직이는 것이 사는 것이다. 세상에는 사회에 얽매이고, 친구 가족에게 얽매이고, 생활에 얽매여 그 몸을 옴치고 뛰지 못하는 자 얼마나 많은가. 실로 불행한 자로다. 한번 독신의 몸이 되어 보라. 그 몸이 하늘에도 날 것 같고,

땅에도 구를 것 같으며, 전후좌우가 탁 트여 거칠 것이 없이 그 몸과 마음이 자유롭다. 이런 사람이야말로 그들이 못 하는 일, 그들이 못 하는 생각을 해 놓나니 역대의 위인 걸사 명작가들의 그 예가 많다. 그러므로 나는 종종 이런 말을 한다.

"K가 나를 활인活人했어. 내게는 더없는 고마운 사람이야. 그가 나를 가정생활에서 떠나게 해 준 까닭에 제전帝展에 입선을 하게 되고, 돌비突飛한 감상문을 수 편 쓰게 되었어. 나는 지금 죽어도 산 맛은 다 봐서 나는 K를 조금도 원망치 않아. 오히려 고마운 은인으로 여겨진다."

이렇게 말하면서 불행에서 행복을 찾게 된다. 여하한 환경이든지 다 내가 선용善用하도록 힘쓰면 불행 중에서 의외의 행복을 찾는 것이다. 즉 첫째는 내 자신이 환경을 좇을 것, 둘째는 환경이 나를 좇게 할 것, 셋째는 환경을 타처에서 구할 것. 이것을 실행하면 넓은 신천지를 발견할 수 있고 불행에서 행복을 찾기 그다지 어려운 일이 아니다.

여하한 종류의 과실이든지 오욕이든지 그것을 이겨 낼 만한 힘만 있으면 귀중한 경험, 즉 찬연한 결정이 되어 그 사람 몸에 행복으로 들어차게 된다.

나는 어떤 사람이 될까

그렇게 쾌활하고 명랑하던 내가 소금에 푹 절인 사람이 되고 말았다. 얼이 빠지고 어릿어릿하고 기운이 없고 탄력이 없다.

나이 40이라 그럴 때도 되었지만, 그래도 심한 상처만 아니 받았었던들 그렇게 쉽사리 늙을 내가 아니다. 그러나 이런 여자가 되고 싶다는 이상만은 언제까지든지 계속하고 있다.

남이 이성理性으로 대할 때 나는 감각으로 대하자. 남이 정의로 대할 때 나는 우아로 대하자. 남이 용기로 나를 대할 때 나는 응양應揚의 마음으로 남을 대하자.

나는 금욕 생활을 계속하자. 심령의 통일과 건강 보존으로 이는 나의 성질이 냉혹한 까닭이 아니라, 오히려 정열적인 까닭이다. 나는 일견 엄격하게 보이나 이는 내가 냉정한 까닭이 아니라, 가슴에 피가 지글지글 끓는 까닭이다. 나는 영적인 동시에 육감적이 되고 싶다. 자존심이 강한 동시에 진실하고 싶다. 나는 남의 큰 사랑을 요구한다. 아니 도리어 큰 사랑을 남에게 주려고 한다. 나는 스스로 향락하고 남에게 주는 행복은 풍부하고 심후深厚하고 영속적임에 틀림없을 것이다. 나는 남의 연인인 동시에 연인 그대로의 모母가 될 것이다. 즉 인생의 행복을 창시해 놓는 것이 나의 일종의 종교적 노력일 것이다. 동시에 상대자에게 심오

한 책임 관념과 명확한 판단을 할 것이다. 나는 언제까지든지 젊은 기분으로 모든 사물을 매력 있게 만들 것이다. 이는 항상 내 생존을 미화하는 까닭이요, 자기의 하는 모든 일이 내 전체로 아는 까닭에 희열을 느끼는 감이 생긴다.

 나는 영혼의 매력이 깊은 것을 알았고 따라서 자기 자신의 인격적 우아로 색채가 풍부한 신생활을 창조해 낼 것이다. 사람 앞에 나갈지라도 형식과 습관과 속박을 버리고 존귀함으로써 공적 생활을 대할 것이다. 나는 남보다 말이 적을 것이다. 그러나 그 침묵과 미소는 말을 많이 하는 것보다 오히려 웅변일 것이지, 아무리 외향은 흐르는 냇물과 같더라도 그 밑은 견고한 리듬으로 통일이 있을 것이다. 행복으로 빛날 때든지, 치명을 받을 때든지, 안정하든지, 번민하든지, 냉혹하든지, 정열 있든지, 기쁘든지, 울든지, 어떤 환경에 있든지, 나는 다수의 여자인 동시에 한 명의 여자일 것이다.

 나는 여자에 대한 남자의 여러 몽상을 한다. 근육 발달한 여자보다 여러 방면으로 발달한, 즉 영구적 여성다운 여자를 요구한다. 남자 그들은 사회에 나서 복잡다단한 일에 접촉하고 있다. 그러므로 감정의 순환이 심하다. 그들이 느끼는 비애와 고적은 크다, 깊다. 이에 반하여 여자는 단순한 가정에 잠복하여 신경질이 될 뿐이오. 기실은 침체되고 말았다. 자극성을 요하는 남자에게 불만을 주게 되는 것은 물론이려니와, 여자에게 그 책임감을 느끼지 아닐 수 없다. 오, 남자 제위여, 어찌하면 만족을 느끼게 되고, 오, 여자 제위여, 어찌하면 만족을 주게 되랴. 만족은 오직 마음먹기에 달린 것이다. 내가 늘 외우고 있는 석가의 교훈.

중생무변서원도衆生無邊誓願度(가없는 중생을 건지기를 원합니다)
번뇌무진서원단煩惱無盡誓願斷(끊임없는 번뇌를 끊을 수 있기를 원합니다)

그러므로 깊은 비애를 가진 여자는 남자의 가슴에 일종 말할 수 없는 정서의 동요를 깨닫게 하고, 불평을 가진 여자는 남자 마음에 견딜 수 없는 고통을 준다.

내 일생

나는 18세 때로부터 20년간을 두고 어지간히 남의 입에 오르내렸다. 즉 우등 1등 졸업 사건, M과의 연애 사건, 그와 사별 후 발광 사건, 다시 K와 연애 사건, 결혼 사건, 외교관 부인으로서의 활약 사건, 황옥黃鈺 사건(1923년 의열단의 황옥 경부 폭탄 사건), 구미 만유 사건, 이혼 사건, 이혼 고백서 발표 사건, 고소 사건, 이렇게 별별 것을 다 겪었다.

그 생활은 각국 대신으로 더불어 연회하던 극상 계급으로부터 남의 집 건넌방 구석에 굴러다니게 되고, 그 경제는 기차, 기선에 1등, 연극 활동사진에 특등석이던 것이 전당국(전당포) 출입을 하게 되고, 그 건강은 쾌활 씩씩하던 것이 거의 마비까지 이르렀고, 그 정신은 총명하고 천재라던 것이 천치 바보가 되고 말았다. 누구에게든지 호감을 주던 내가 이제는 사람이 무섭고 사람 만나기가 겁이 나고 사람이 싫다. 내가 남을 대할 때 그러하니 그들도 나를 대할 때 그럴 것이다.

이와 같이 사람 능력으로 할 만한 일은 다 당해 보고 남은 것은 사람을 버린 것밖에 없다. 어찌하면 다시 내 천성인 순진하고 정직하고 순양하고 온유하고 부지런하고 총명하던 그 성품을 찾아볼까.

다 운명이다. 우리에게는 사람의 힘으로 어쩔 수 없는 운명이 있다. 그러나 그 운명은 순순히 응종應從하면 할수록 점점 증장增長하여 닥쳐오는 것이다. 강하게 대하면 의외에 힘없이 쓰러지고 마는 것이다.

어디로 갈까

나는 어느 날 산보를 하다가 움집 하나를 발견하였다. 나는 일부러 거적을 열고 그 안을 들여다보았다. 그러고 돌아서서 일어설 때 내 입에서는 이런 말이 새었다.

"너희는 나보다 행복스럽다. 이런 움집이라도 가졌으니."

"나는 장차 어디로 갈까. 더구나 이번 사건 이후 면목을 들고 나설 수가 없으니."

이렇게 중얼거리는 나는 눈물이 핑 돌았다.

'파리로 가자.'

'아니, 고국산천을 떠나서 그 비애 고적을 어찌할까.'

'아니, 갔다가 또 빈손으로 오면 다시 방황할 게 아닌가.'

'아니, 모성애에 대한 책임은 어찌할까.'

이렇게 생각하고 보니 다시 생각이 탁 막힌다.

가자, 파리로. 살러 가지 말고 죽으러 가자. 나를 죽인 곳은 파리다. 나를 정말 여성으로 만들어 준 곳도 파리다. 나는 파리가 죽으련다.

찾을 것도 만날 것도 얻을 것도 없다. 돌아올 것도 없다. 영구히 가자. 과거와 현재가 공空인 나는 미래로 나가자.

경성에서, 정월°

무엇을 할까

한 사람이 이만치 되기에는 조선의 은혜를 많이 입었다. 나는 반드시 보은할 사명이 있어야 할 것이다. 교육계로, 산업계로, 상업계로, 언론계로, 문예계로, 미술계로 인물을 기다리는 이때가 아닌가. 무엇을 하나 조선을 위하여 보조치 못하고 어디로 간다는 것은 너무 이기적이 아닌가.

아니다, 아니다. 내가 있음으로 모든 사람의 침착성을 잃게 된다.

크게 말하면 조선 사회에 독신 이성자들에게, 미혼 전 여성들에게, 작게 말하면 청구 씨에게, 그의 후처에게, 4남매 아이들에게, 남쪽 친척들에게, 친우 사이에 불안을 갖게 되고 침착성을 잃게 된다. 그러므로 내가 있는 것은 해독물이 될지언정 이로운 물物이 되기 어렵다.

나는 수중에 ××원 가지게 되었다. 비록 이것이 분풀이의 결실이라 하더라도 내게도 그다지 상쾌한 일이 되지 못하거니와 C의 마음은 오죽했으랴.

"나는 이것을 가지고 파리로 가련다. 살러 가지 않고 죽으러."

가면서 나의 할 말은 이것이다.

"청구 씨여, 반드시 후회 있을 때 내 이름 한 번 불러주소. 4남매

아이들아, 어미를 원망치 말고 사회제도와 도덕과 법률과 인습을 원망하라. 네 어미는 과도기에 선각자로 그 운명의 줄에 희생된 자였더니라. 후일 외교관이 되어 파리로 오거든 네 어미의 묘를 찾아 꽃 한 송이 꽂아 다오."

  펄펄 날던 저 제비
  참혹한 사람의 손에
  두 죽지 두 다리
  모두 상하였네.
  다시 살아나려고
  발버둥치고 허덕이다
  끝끝내 못 이기고
  고만 척 늘어졌네.
  그러나 모른다.
  제비에게는
  아직 따듯한 기운이 있고
  숨 쉬는 소리가 들린다.
  다시 중천에 떠오를
  활력과 용기와

경성 장월에서.

인내와 노력이

다시 있을지

뉘 능히 알 리가 있으랴.

           (옛 원고에서)

           『삼천리』, 1935. 2

에필로그

잡감

    작년 세말歲末. 학우회 망년회에 회석會席이 만원인 중 감탄되는 말에는 크게 박수도 하며, 부인하는 점에는 악을 써서 큰소리로 "아니라"고도 하는 상황을 우리 여학생들은 한구석에서 구경하였소. 그때에 언니가 나를 꾹 찌르며 이마를 찌푸리고 "아이고 무슨 싸움터 같소 그려. 학식이 있고 지각 났다는 자의 태도가 이렇게 점잖지 못하오, 그래" 하였소. 나는 웃으며 이렇게 대답한 듯하오.

    "오늘이야말로 산 것 같소. 조선에도 저렇게 활기 있는 어른들이 많이 계신 것이 참 기쁘지 않소? 학식이 있기에 판단이 민첩하고, 지각이 났기에 똑똑히 발표하는 것이오. 조선 사람은 점잔 부

정월
경성에서

리다가 때가 다 지난 것을 생각지 못하시오? 손님은 사양하고 주인은 권하는 것이오. 자기네들 모임에 사양할 여가餘暇가 어디 있고, 자기네들 일에 권고받을 염치가 어디 있겠소. 가령 이것을 객관적으로 비난하는 것이라 말할지라도, 비난이 없으면 반성이 어찌 생기고, 타격하는 이가 없으면 혁신의 기운이 어찌 일겠소. 비난 중에서 진보가 되고 타격 중에서 개량이 생기는 것이 분명하고, 이로 말미암아 개인이 사람 같은 사람이 되고 일국의 문명이 있다는 것을 압니다."

그때에 언니는 "옳소" 하고 고개를 끄덕끄덕하셨지요?

사회에서 여자를 불신하고, 남자가 여자를 모욕하는 것이며, 여자의 사업이 어리고, 자각이 없고, 성공이 더디고, 사물에 어둡고, 처리가 둔하고, 실패가 많은 것은 전혀 확고한 신념이 결핍하고 이지적 해결력이 빈약하였던 까닭 같소. 이 결점이 사람 이하의 오늘날 여자의 현상을 지배하는 것 같소.

빙긋 웃는 것이 여자의 미점美點이라 하오. 슬쩍 돌아서는 것이 여성의 귀염스러운 점이라 말들 합니다. 말 아니하고 생각 없는 자를 여자답다 하오. 우리도 남과 같이 사람다운 여자가 되고 남의 일을 나도 판단할 줄 알며, 아름다운 것을 아름답다 할 줄 알며, 더러운 것을 더럽다 할 줄 알거든. 생각도 좀 해 본 것 같고 할 말도 다 해 본 듯하거든, 그때야말로 웃고 싶은 대로 빵끗빵끗 마음대로 웃어서 여자의 아리따운 표정도 해 봅시다. 쌀쌀스럽게 씩 돌아서는 귀염도 부립시다. 말 없고 얌전한 여자가 됩시다. 이렇게 우리에게는 뜨거운 정외情外에 맑은 이성을 구비하지 않으면 아니 될 줄 알아요.

 나는 높은 산을 찾아서 설경을 내려다보려고 나섰소. 이제껏 도회의 더운 바람 속에서 실미지근하게 지나던 생활이 별안간 이렇게 쌀쌀한 바람에 백설계白雪界를 만나니 말할 수 없이 마음이 서늘해지고 정신이 번쩍 나며 공연히 껑충껑충 몇 번 뛰기까지 하였소. 산정山頂을 향하고 푹푹 빠지는 길도 모르는 데를 밟아 올라갔소. 올라가다가 나는 깜짝 놀랐어요. 이 추운 아침에 누가 벌써 이 험한 길로 이 두려운 눈을 밟고 올라간 발자국이 있는 것을 보고, 남들이 다 따뜻한 자리 속에서 단꿈에 취하였을 때에 얼마나 바쁘기에 이 추운 아침에 여기까지 왔었고, 얼마나 부지런하기에 남들이 다 자는데 벌써 이 꼭대기에까지 다녀갔나? 언니! 나는 걷던 발을 멈추고 딱 섰소. 언니가 하던 그 말이 이제야 알아

지오. 일찍 기숙사 침실에서 내가 언니께,

"우리 조선 여자도 이제는 그만 사람같이 좀 돼 봐야만 할 것 아니오? 여자다운 여자가 되어야만 할 것 아니오? 미국 여자는 이성과 철학으로 여자다운 여자요, 프랑스 여자는 과학과 예술로 여자다운 여자요, 독일 여자는 용기와 노동으로 여자다운 여자요. 그런데 우리는 이제야 겨우 여자다운 여자의 제일보를 밟는다 하면 이 너무 늦지 않소? 우리의 비운은 너무 참혹하오, 그래."

그때에 언니가 고개를 번쩍 들고 내 손목을 꼭 쥐며,

"아직 밝지도 않은 이 새벽에 누가 벌써 수레를 끌고 가는구려. 그 바퀴 구르는 소리가 마치 우레 소리와 같이 내 귀에 들리오. 이 이른 새벽 깊이 든 잠에 몇 사람이 깨어서 저 바퀴 구르는 소리를 들었겠소. 이와 같이 만물이 잠들어 고요한 중에 그는 먼 길을 향하고 일찍이 일어나서 튼튼히 발감개하고, 천천히 걸어가며 새벽하늘의 고운 빛을 노래하고, 맑은 공기에 휘파람 불며 미소하리다. 대문이 꽁꽁 잠기고 그 안에서는 아직도 깊은 잠에 잠꼬대하는 소리가 들린 때에 그 문 앞에서 얼마나 문을 두드렸겠고, 그 문 앞에서 몇 번이나 기도하였으리까. 언니와 나도 그렇게 마음 놓고 실컷 자다가 아침 태양이 동창을 환히 비치게 된 후 겨우 눈을 비비고 일어난 것 같소" 하던 언니의 말이 이제 겨우 알아지는 것 같소. 아무려나 우리 앞에 벌써 각성의 웃음과 노력의 혈루를 뿌리며 부지런히 밟아 가는 언니가 있다 하면 그 작히나 좋으리까, 얼마나 기쁘겠소. 시간이 촉박한데 어떻게 나를 기다려 달라 하겠고, 무슨 심사로 남 가는 것을 시기하겠소. 너 잘 가는 것이 내게도 영광이요, 나는 못 가더라도 너만 무사히 도착되어도 좋다. 허나 너무 달음질 말고 이따금 뒤 좀 돌아보아 주오. 올라가지 못할 곳에는 손목도 좀 끌어 주어야겠소. 다리가 아파 주저앉을 때에 가야만 할 이유를 설명해 주어야겠소. 믿건대 먼저 밟으시는 언니들이여! 뚝뚝 디뎌서 뚜렷이 발자취를 내어 주시오. 또 눈이 오더라도 그 발자국의 윤곽이나 남아 있도록. 깔려 있는 백설 위로도 만곡 요철이 보이건마는 그 속에 묻혀 있는 탄탄대로는 보이지 않는구려.

다행히 누가 먼저 밟아 놓은 발자국을 따라 길을 찾게 되었소마는 그 사람도 몇 군데 헛디딘 자국이 있는 것을 보니 이 두터운 눈을 한 번 밟기도 발이 시리거늘, 그 사람은 길을 찾노라고 방황하기에 얼음도 밟게 되고 구렁이에도 빠지게 되었으니, 아마도 그 사람의 발은 꽁꽁 얼었을 것 같소.

동동 구르며 울지나 아니하였는지 몹시 동정이 납니다. 그러나 그 발자국을 따라 반쯤 올라가니 그 사람의 간 길과 나 가고 싶은 길이 다르오, 그래. 나도 그 사람과 같이 두껍게 깔린 눈을 푹푹 디뎌야만 하게 되었소. 차디찬 눈이 종아리에 가 닿을 때에는 선득선득하고 몸소름이 쭉쭉 끼칩디다. 큰 돌멩이에 발부리도 차이고, 굵은 가시가 발바닥도 찌르오. 이렇게 벌써 걸음을 옮기기가 곤해 가지고야, 언제 저기를 올라간단 말이오.

저기까지는 넓은 호수의 스케이팅터를 지나야 하겠소. 반질반질한 저 얼음 위로 이 장신을 신고 밟아 가야만 하는구려. 저네들은 저렇게 날카로운 스케이트를 신고도 자유로이 뛰어다니건마는 나는 암만해도 이 넓적한 신을 신고라도 한 걸음도 걷지 못하고 나자빠질 것 같소. 아무려나 미끄러져서 머리가 터질 각오로 밟아나 볼 욕심이오.

『학지광』, 1917. 3

경성에서, 정월.

1판 1쇄 인쇄 2024년 2월 20일
1판 1쇄 발행 2024년 2월 27일

지은이 나혜석
펴낸이 이지예
펴낸곳 이일상
디자인 곰곰사무소

출판등록 제2022-000187호
주소 (10414) 경기도 고양시 일산동구 중앙로 1192, 601호
대표전화 070-8064-7494 **팩스** 0504-056-2026
전자우편 2140@2140.co.kr
인스타그램 instagram.com/2140b.studio **트위터** twitter.com/2140_b

ISBN 979-11-985961-0-9 03810

책값은 뒤표지에 있습니다.
잘못 만들어진 책은 구입하신 곳에서 교환해드립니다.